恋青 芷蕙——著

有故事的中国成语

物篇

中册

天津出版传媒集团

天津人民出版社

鼠的成语

鼠目寸光

目光短浅，能走多远?

成语 鼠目寸光

含义 老鼠的眼睛只能看到一寸远。形容目光短浅，没有远见。

智慧热身

　　小朋友，你喜欢老鼠吗？

　　老鼠是啮齿动物，个头不大，尖牙利齿，浑身上下灰不溜秋，还拖着一条长尾巴。老鼠天生爱打洞，白天藏在谷仓里，夜晚偷偷摸摸溜出来，啃食农民的粮食。大家都不怎么喜欢老鼠，怪不得有"老鼠过街，人人喊打"这样的说法呢。

老鼠的长相和行为都不讨喜，带"鼠"的成语因此也多含贬义。比如，"獐头鼠目"形容人相貌丑陋、神情狡猾，长着獐子一样的脑袋、老鼠一样的眼睛；"贼眉鼠眼"形容神情鬼鬼祟祟；"胆小如鼠"形容像老鼠一样，胆子很小。

老鼠的触觉、嗅觉比较灵敏，可眼神儿不太好，看不到远处，一双小眼睛也总滴溜溜乱转，狡猾地打起坏主意。于是，人们发明了"鼠目寸光"这个词，来形容目光短浅，没有远见。

成语故事

一天早晨，一个人想吃鱼，就扛着鱼竿来到池塘边。

池塘在农田附近，里面大大小小的鱼很多，种类也不少。这人抬头一瞧，天空飘着几朵白云，微风拂面，真是个钓鱼的好天气，准保能钓到大鱼。

他把鱼饵挂在钩子上，用力朝远处水面甩出渔线，接着坐到池塘边，轻声哼着小曲，等待鱼上钩。

过了半天，水面上却一点动静都没有。

又过了好一会儿，竿子一沉，水面上动了动，怕不是有鱼上钩了？他赶紧把鱼竿抬起，定睛一看——哎，原来只是一棵水草！

半晌工夫过去，他一条鱼也没钓到。"我可真倒霉！"他心急地说。眼瞅着大中午了，太阳升到头顶上，空手而归可不行。

"有办法了！我把池水排空，不就能捉到鱼了吗？"于是，他搬来大大小小的工具，开始排水。随着池水一点点变少变浅，鱼都露了出来。它们受到惊吓，无处躲藏，只能摇头摆尾地在池底淤泥里乱蹦、挣扎。大的，小的，全都被一网打尽。

这人哈哈大笑："这下都让我抓到了吧！几筐都装不完，够我吃好久了！"

可是经他这么一折腾，池塘里没有了水，大鱼小鱼也都被捞绝了。要是下次他再想吃鱼，可怎么办呢？

捕鱼人目光短浅，只贪图眼前利益，不为长远打算，这种竭泽而渔的行为，真是鼠目寸光啊！

头脑风暴

小朋友，故事讲完了，我们来做个头脑风暴吧——你还知道哪些"鼠目寸光"的行为？

我们生活在地球上，本应同大自然和谐相处，可就有人不明白"绿水青山就是金山银山"的道理，为了一时经济利益，总在破坏生态坏境。

比如，对森林乱砍滥伐，令动物们失去赖以生存的家园，导致水土流失、空气质量下降、沙尘暴肆虐；过度放牧，造成土壤板结、草场退化；过度开采，引发矿产资源枯竭、植被死亡、地陷；过度捕捞，致使海洋物种灭绝、海洋生态系统退化……而这些可怕的后果，也会严重威胁人类的生存安全和未来命运。

投鼠忌器

犯罪的大臣该怎么处罚?

成语 投鼠忌器

含义 用东西砸老鼠，又怕砸坏老鼠附近的器具。比喻做事有所顾忌，不敢放手进行。

智慧热身

小老鼠，上灯台。

偷油吃，下不来。

喵喵喵，猫来了，

叽里咕噜滚下来。

小朋友，这首叫《小老鼠上灯台》的童谣，唱起来多好听呀!

中国古代没有电灯，蜡烛也不普及，老百姓大多用油灯照明。一个盘子，一条灯捻，些许灯油，点燃后就能发出微弱的亮光。菜籽油，大豆油，花生油，这些食用油都可以当灯油。所以啊，贪吃的小老鼠才会被灯油的香味吸引，吃个没完没了!

有只小老鼠胆子特别大，不但吃灯油，还霸占了人家价值连城的古董。这家主人对它赶也不是，不赶也不是，一点脾气都没有。这究竟是怎么回事呢？

成语故事

西汉的时候，朝廷实行与民休息的政策，政治逐渐安定，经济欣欣向荣。繁华的长安城中，店铺林立，商贾如云，百姓生活富足，有钱人很多。

长安城里有一个富人对古董特别着迷，收藏了一书房的奇珍异宝。他最珍爱的，是一件用上等和田玉做成的玉罐子。这宝贝的颜色白如凝脂，摸起来光滑细腻，雕工十分精美，是花了大价钱才买到的。他把玉罐子摆在案几上，赏玩的时候总是轻拿轻放，小心翼翼，生怕磕碰坏了。

有一天，一只灰不溜秋的小老鼠窜进书房，它先吃饱了灯油，又围着玉罐子绕圈圈。富人担心老鼠碰坏了自己的宝贝，就大声呵斥。老鼠胆子小，一下子就被吓跑了。

富人继续看书，没过一会儿，又传来"吱吱吱，吱吱吱"的叫声。可恶的老鼠回来了，不仅在玉罐子边上踱起方步，还拉了几粒老鼠屎在旁边。富人生气地大手一挥，又轰又撵。老鼠贼溜溜地转转眼珠，不情愿地走掉了。

还没等富人的手放下，那只坏老鼠又"吱吱吱，吱吱吱"地叫起来。这次，它更加肆无忌惮，居然爬进罐子，心安理得地睡起了大觉。

富人胸中的怒火"蹭"的一下被点燃了。他没好气地说："我一再驱赶你，你怎么没完没了来找碴？刚才放了你两次，这次绝不饶你！"盛怒之下，他想都没想，抄起手边的木棒，就要砸向老鼠。

说时迟那时快，富人的妻子跑过来，一把拦住了他。妻子说："你这个不长脑袋的家伙，这玉罐子可是咱们家最值钱的古董，你要是打老鼠的时候，不小心把它也打坏了，那可就太得不偿失了。"

可恶的老鼠砸死你

别砸，别误伤了你最爱的宝贝

富人心里一掂量，这话确实有道理。他只好放下棒子，看着呼呼大睡的老鼠，气得咬牙切齿却又无计可施。

从此，这只猖狂的老鼠每天都出来作祟，越来越有恃无恐。最后啊，它干脆把家都搬进了玉罐子，还在里面生儿育女，养了一窝小老鼠。一有风吹草动，它就赶紧钻进罐子，打死也不出来。

因为它知道，这玉罐子是自己的避难所和安乐窝，离它越近，这家主人就越不敢动自己的一根毫毛啊。

头脑风暴

小朋友，故事讲完了，我们来做个头脑风暴吧——犯罪的大臣该怎么处罚？

西汉时期，政论家贾谊曾借用"投鼠忌器"的故事，指出汉文帝处罚大臣的不妥之处。他是怎么说的呢？

原来，听说丞相周勃想谋反，汉文帝没弄清楚真相，就糊里糊涂地把他抓进监狱严加审问。后来查明周勃是遭诬陷的，才又赦免了他。针对这件事，贾谊写了个奏折，陈述自己的看法。

贾谊认为，皇帝就像殿堂，大臣就像台阶，百姓就像地面。房子看上去雄伟，是因为台阶把房子和地面隔开了。皇帝看上去威严，是因为大臣把皇帝和百姓隔开了。

人们用东西砸老鼠时，尚且害怕砸坏老鼠旁边的器物，大臣离皇帝很近，要是让大臣和普通百姓一样，受到割鼻子、割脚指头、往脸上刺字的肉刑，那也会损害皇帝的威严啊。

可是大臣犯了罪，该怎么处罚呢？贾谊认为，皇帝应该用礼义廉耻来约束大臣的行为。如果大臣犯了罪，皇帝可以撤了他的职、罢了他的官，还可以赐死他，但是不要逮捕他，让他在狱中受刑。

贾谊说的言辞恳切，有理有据，汉文帝十分信服，就采纳了他的建议。

在现代社会，我们提倡法律面前人人平等的观念。如今已不再是皇权专制的社会，刑法也是以"惩罚犯罪，保护人民"为目的，并且已经给了罪犯相应的尊严，因此必须坚持法律面前人人平等。

成语游戏

猫捉老鼠

猫和老鼠是一对冤家，猫见到老鼠就拼命追。这是为什么呀？

传说天帝要选出十二种动物，作为十二个属相。谁先到天庭，谁就会被选中。猫对老鼠说："好兄弟，我贪睡，你明天早点叫醒我，咱俩一块去参选吧。"老鼠拍着胸脯说："没问题，包在我身上。"

可第二天早晨，老鼠背信弃义，没有叫醒猫，自己偷偷出了门。等猫睡醒时已经日上三竿，十二属相早就选好了，老鼠还得了个第一名。

猫气得胡子直翘。从此它就和老鼠结下梁子，反目成仇啦。

谷仓里有许多贪吃的坏老鼠，它们藏得可深了。请你帮助花猫拼出十个带 "鼠"字的成语，就能把可恶的粮仓老鼠一个个都给揪出来啦。

贼 叹 目 光 狐 眠 器 有 皮 抱 眼 如 社 相 胆 城 窜 两 端
猫 小 人 投 首 之 忌 同 眉 寸 鼠 头

(   ) (   ) (   ) (   ) (   )
(   ) (   ) (   ) (   ) (   )

牛的成语

对牛弹琴

怎么说，别人才会听?

成语 对牛弹琴

含义 比喻说话不看对象，对外行人说内行话，或者对不讲

道理的人讲道理，白费口舌。

智慧热身

小朋友，你喜欢玩乐器吗？弹钢琴，拉小提琴，吹长笛，敲架子鼓，聆听跳动的音符欢快而出，多么美妙啊！

和你们一样，在三千年前的周朝，贵族孩子也会学习音乐。当时，官办学校教授六种基本才能：礼节、音乐、射箭、骑马、书法和算数。瞧，古人也认为音乐是一个人必备的修养呢。

而古人最钟爱的乐器，非古琴莫属。它是中国最古老的弹拨乐器，声音悠远古朴，最能令文人雅士陶冶性情。就连大名鼎鼎的孔子也曾拜乐官为师，学习古琴。

我们今天讲的这个故事，就和弹古琴有关。

成语故事

中国古代的音乐家都十分钟爱演奏高雅的古琴，以琴会友的佳话不在少数。

琴师俞伯牙的一曲《高山流水》引来了樵夫钟子期。子期最能领悟伯牙的心意，理解他音乐的妙处，二人便成了知音。

可有人就没这么幸运了，比如这位叫公明仪的音乐家。他有一次弹琴，就找错了对象，闹出了大笑话。

公明仪生活在战国时代的鲁国，是一名才华横溢的音乐家，既能作曲，又能演奏，古琴弹得特别好。每当听到公明仪的琴声，人们就闭上眼睛，沉浸在美妙的音乐中。一曲终了，大家仍留恋地回味着余音，久久不愿散去。

有一天，公明仪兴致大发，带着古琴去郊外弹奏。田野间，阳光和煦，莺歌燕舞，一派宜人的春色。草地上，绿草茵茵，一头老黄牛正低着头，安静地吃草。

公明仪心想："自古王公贵族大宴宾客时，都会请来乐师和舞姬，管弦钟磬，轻歌曼舞，为筵席助兴。今儿个巧了，我就给这头吃草的老黄牛弹上一曲高雅的古曲《清角之操》，让它享受一番贵族般的待遇吧。"

公明仪把琴放在一块平整的石头上，端正坐下，不动声色地拨动琴弦。琴声像溪水一般，从他修长的手指间缓缓流出，时而清如溅玉，时而颤若龙吟，时而细腻含蓄，时而凝重浑厚。

他越弹越陶醉，抬头一看——咦？那头老黄牛怎么还在低头吃草？

"这么好听的音乐，它怎么没反应？难道是不喜欢这一曲吗？"公明仪换了一支更好听的曲子，可老黄牛仍然不理会他。

公明仪急了，自己可是一等一的音乐家，难道还不能打动一头牛吗？

真可恶，闹出这么大噪音影响我吃草的心情

这可是我最拿手的曲子了这牛怎么没反应？

他连忙使出浑身解数，叮叮咚咚，叮叮咚咚，叮叮咚咚，把自己拿手的曲子全都弹了个遍，弹得满头大汗，面红耳赤。可老黄牛根本不领情，还调转身子，冲他撅起了牛屁股。

公明仪把手一甩，愤愤地说："哼，真是头啥也不懂的大笨牛！"

他气鼓鼓地坐在那里，思索片刻后，一个妙计诞生了！他不再选择那些高深的乐曲，而是变换曲调，弹奏出类似蚊子、牛蝇飞动的嗡嗡声，还模仿了一只小牛犊孤独悲伤的叫声。

老黄牛听了，立刻抬起头，支棱起耳朵。它一会摇动尾巴，仿佛在驱赶蚊蝇，一会又四下张望，仿佛在寻找迷路的小牛犊。接着，老黄牛竟然也哞哞叫起来，还不安地来回踱着步子。

看到这个情景，公明仪拍着脑门，哈哈大笑起来："我弹阳春白雪，牛却充耳不闻。我弹蚊蝇小犊，牛却听得津津有味。不是我弹得不好，也不是牛笨，只是我那高深的曲子，不适合牛的耳朵呀！"

头脑风暴

小朋友，故事听完了，我们来做个头脑风暴吧——怎么说，别人才会听？

"对牛弹琴"的来历，其实是东汉时期大学问家牟融讲的一个故事。

牟融对佛经很有研究，引得很多儒家学派的人也来听他讲佛经。可是听着听着，他们就不满意了。这些人说："我们是来听你讲佛经的，不是听你来讲儒家经典的。你怎么总是用《论语》《尚书》这样的儒家经典来阐述佛经呢？"

面对质疑，牟融也不着急，而是给大家讲了这个"对牛弹琴"的故事。

讲完故事，牟融笑着说："要让牛有所反应，就要选它能听懂的曲子。要让熟悉儒家经典的人能听懂佛经，就要选择儒家经典来辅助讲解啊。如果我用佛经经典给你们讲解，你们能听懂吗？"

听了这番话，大家对牟融打消了质疑，心中十分信服。

怎么说，别人才会听？小朋友，你明白了吗？

牛角挂书

古人为了学习，还能多"奇葩"？

成语 牛角挂书

含义 比喻读书勤奋，学习刻苦。

智慧热身

小朋友，你喜欢读书学习吗？

我们生活在现代社会，新科技让读书学习变得更加便捷。想看书，就打开高科技护眼台灯；不想看书，就用手机播放有声书；想写字，就使用自动升降学习桌；不想写字，就打开电脑远程课，全程只需要点点鼠标。

在科技不发达的古代，没有这么优渥的学习条件，可读书人的求知热情却一点都不少。那种全情投入的劲头，特别值得后来人学习呢。

今天，我们就来讲一个古代读书人的勤学故事。

成语故事

隋朝是个短命的王朝，作为一代枭雄的隋唐军事家李密，他的生命轨迹也伴随着隋朝的兴亡起起伏伏。

隋朝建立不久，李密就呱呱坠地。他出生于贵族世家，祖上都在朝廷任职，不是高官就是重臣。他的曾祖父做过太师，祖父当过太保，父亲是高级将领，作战有功，被封为上柱国，相当于现在的特级战斗英雄。不难想象，生长在这样的家族中，李密从小就接受了精英教育，不仅读书习武样样精通，而且心怀救世济民的大志向，十分难得。

李密长大后，担任隋炀帝的宫廷仪卫。有一次，隋炀帝问大臣："刚才左边的仪卫队里，有一个脸庞黑黑的年轻人，他叫什么名字？"大臣禀告道："他叫李密，是已故蒲山公李宽的儿子。"隋炀帝思量了一番："这个年轻人顾盼的神态很不寻常，不要让他在宫里当仪卫了。"

大臣找到李密，劝他说："宫廷仪卫的活儿既辛苦又琐碎，没什么前途，也培养不了人才。你这么聪明，应该走读书做官这条路，肯定会有一番大作为。"

李密听了非常高兴，就辞掉工作，找个安静的地方一门心思读书去了。他学习非常专心，经常在书房一待就是一整天，很少出门。

当东方天际泛起鱼肚白时，他就早早起床坐到书桌边；当更夫敲着竹梆和铜锣报起三更天时，他才打着呵欠疲惫地合上书本。

李密的老师包恺是太学名师，造诣很高，尤其精通《史记》和《汉书》。包恺收了好几千个学生，李密的学识在众人中排第一。

有一次，李密又去拜访包恺。可是李密的住处离老师家有好长一段距离，他便骑了头黄牛作为代步工具。

四月的乡间萌动着春天的气息，溪水淙淙流过绿色的田野，山花缀满了坡上坡下，欢腾的野雀在林子里叽叽喳喳闹个不停。

身处如此美妙的四月天，牛背上的李密却无动于衷。乡间小路弯弯曲曲，又有很多碎石，免不了上下颠簸。只见李密一只手紧紧拽着牛缰绳，一只手在翻着什么——原来，那牛角上挂着一部《汉书》。嗜书如命的李密，是一边骑牛，一边看书呢。

刚巧，尚书令杨素骑马和李密擦肩而过。他被这个年轻人不同寻常的举动吸引了，就调转马头跟在李密身后。

　　杨素喊道："喂，骑牛的年轻人，你是哪里的读书人？"李密连忙下牛参拜："小生叫李密，是长安人。"杨素好奇地问："我看你在读《汉书》，你读的是哪一卷、谁的故事啊？"李密恭敬地回答："学生读的是第三十一卷，项羽的故事。"

　　于是，杨素和李密从项羽聊起，聊历史洪流中个人命运的沉浮，聊政权兴替和国家兴亡，越谈越投机。

　　眼前这个貌不惊人的小伙子，真是让杨素刮目相看。回到家，他感慨地对儿子杨玄感说："我今天认识了一个叫李密的年轻人。他的学识和气度，是你们都望尘莫及的啊。"

　　杨玄感听了，也对李密心生敬仰，两个人成了很好的朋友。后来，杨玄感对隋炀帝的统治不满，起兵反隋，还邀请李密为他出谋划策。杨玄感战败后，李密投奔了瓦岗军。在瓦岗军中，李密的军事才能得到了淋漓尽致地发挥。

头脑风暴

　　小朋友，故事听完了，我们来做个头脑风暴吧。就像李密牛角挂书一样，古代勤奋的读书人为了争分夺秒学习，还能想出多"奇葩"的主意？

　　有个人抓了很多萤火虫放在白布袋子里，借萤火虫的微光读书；有个人在自家墙壁上凿个小洞，借邻居家的灯光读书；有个人大冷天跑到屋外，借雪地映出的白光读书；还有个人把头发和屋梁上垂下来的绳子绑在一起，困了就用锥子狠戳自己的大腿，宁可不睡觉也要读书……这些由"奇葩"学习方式衍生出来的成语，你都知道吗？

其实这也是古代寒门学子的无奈之举。

古代的蜡烛很贵，老百姓常常用不起。印刷业规模不大，印书成本高，也没有专门的书店。那时候的人流行自己抄书，相传西晋时，人们为了抄写左思的《三都赋》，把全洛阳的纸张都买断了货，一时间"洛阳纸贵"。

求知心切的穷书生买不起蜡烛，也买不起书。他们抄到一本珍贵的书，连夜晚都舍不得放下，于是就被逼出了这么多奇招。

牛郎织女

美丽的女神为何总带着梭子？

成语 牛郎织女

含义 比喻分隔两地、难以相见的夫妻或相爱的男女。

智慧热身

宁静的夏夜，凉风习习。草丛间，鸣虫弹奏起美妙的乐曲。天空中，黑色的幕布徐徐拉开，苍穹之上，繁星点点。

瞧，银河的西岸，一颗星洒下母性般温柔的光辉，旁边伴着几颗小星星，就像织布用的梭子。银河的东岸，另一颗星肩上担着两颗小星星，久久凝视着西岸的那颗星，望眼欲穿。

西岸的星有一个很贤惠的名字，叫作"织女星"。东岸的星有一个很忠厚的名字，叫作"牛郎星"。

两颗星星眨着眼睛，为我们诉说起一个古老又浪漫的爱情故事。

成语故事

在遥远的天上有一座天庭，那是天帝的宫阙。天帝有七个漂亮的女儿，最小的叫织女。

织女心灵手巧，擅长纺织。她织出的云锦柔软飘逸，灿若云霞。天庭的每个仙女都喜欢把织女的云锦披在身上，做成衣裙。而天边那些美丽的彩云，也是织女的云锦幻化而成的。

地上有个牛家庄，庄里住着个善良忠厚的穷小伙，名叫牛郎。牛郎是个孤儿，和哥哥嫂子生活在一起。嫂子刁钻刻薄，总是欺负牛郎，什么苦活累活都扔给他。牛郎实在忍受不了嫂子的欺凌，想分家单过。

分家时牛郎什么都没要，只牵走了家里那头老黄牛。他在山坡上搭了间小棚子住下，和老黄牛相依为命。

有一天，织女和姐妹们飞到凡间，到湖里洗衣服。刚巧，牛郎正在湖边放牛吹笛，笛声悠扬清脆，传到织女耳朵里。织女循着笛声找到牛郎，开心地同牛郎交谈起来，都忘记返回天上了。

"这个小伙子还挺老实憨厚的。"织女看着牛郎，心生喜欢。

她向不远处望去，农夫在田里插秧，渔夫在水中打鱼，妇人在河边浣洗，孩童在田野间玩耍……织女被人间这浓浓的烟火气息打动，对凡人生活充满向往。后来，牛郎和织女结为夫妻，还孕育了一双可爱的儿女。

他们过着男耕女织的普通生活，日出而作，日落而息，简单而美好。白天，牛郎外出耕田放牛，砍柴打鱼，织女在家织布做饭，操持家务。晚上，织女将儿女搂在怀中，看着从天宫带来的梭子，给孩子们讲天上的故事。

直到一天，突如其来的变故划破了生活的宁静。

原来是王母娘娘听闻织女在凡间生儿育女，大发雷霆，派天兵天将前去捉拿，硬是把她从家里抢走了。

织女的眼睛哭得像桃子，她舍不得牛郎，更舍不得两个可爱的孩子。"娘，娘，别走！我要娘，我要娘！"孩子们坐在地上，撕心裂肺地哇哇大哭起来。牛郎也在一旁偷偷抹泪。可自己不会飞，又怎么能追回织女呢？

这天晚上，老黄牛又给牛郎托了个梦："我要死了，你把我的皮剥下来披在身上，就能飞到天庭去和织女相见了。"

第二天中午，老黄牛"哞"的长叫一声，咽下了生命中最后一口气。牛郎大哭一场，忍着悲痛剥下牛皮后，把老黄牛葬在了水草丰美的河边。

牛郎将一双儿女放进竹筐，挑起扁担，披上牛皮。顿时，他感到身体变得轻盈，再一看，父子三人已经腾空而起。

眼看就能追到织女了，王母娘娘哪肯善罢甘休。她拔下头上的银簪子在空中一划，顿时，天上出现了一条宽阔的银河，波涛滚滚，水流湍急。河上没有桥，也没有船，牛郎过不了河。

牛郎和织女站在银河东西两岸，遥遥相望，泪眼汪汪却无法相见。

织女哭哭啼啼去求情，王母娘娘厉声正色地说："神仙和凡人不能在一起，你触犯了天条，必须受到惩罚。但可怜你对牛郎一片痴心，两个孩子也还小，我允许你们每年农历七月七日相见。"

善良的喜鹊同情他们的遭遇。到了那天，数不清的喜鹊就飞到天上，用身体搭成一座横跨银河的鹊桥。牛郎和织女就可以登上长长的鹊桥，互诉衷肠了。

所以，如果在农历七月七日天降细雨，不要奇怪，那一定是牛郎织女相逢时高兴的眼泪。

头脑风暴

　　小朋友，故事讲完了，我们来做个头脑风暴吧——美丽的女神为何总带着梭子？

　　古代妇女纺织都会用到梭子。在中国古人眼中，织女星是纺织神的化身，代表着勤劳和智慧。农历七月七日这天，女孩们都会在庭院中编织彩色丝线并向织女星乞求智巧，称为"乞巧"。

　　后来，这一习俗中又加入牛郎织女的爱情故事。除了乞求心灵手巧之外，女孩们还会祈祷自己日后能够拥有幸福的婚姻。

　　慢慢地，农历七月七日就演化成象征爱情的"七夕节"。在这天晚上，织女星和牛郎星会用皎洁的光辉映照凡间，为相爱的人儿洒下美好的姻缘。

庖丁解牛

古代厨神是怎样炼成的?

成语 庖丁解牛

含义 比喻经过反复实践,掌握了事物的客观规律,做事得

心应手,运用自如。

智慧热身

在中国古代漫长的农耕文明中,涌现出很多能工巧匠。正所谓三百六十行,行行出状元。

木工业状元当属鲁班,攻城的云梯、碾粮的石磨、锯木头的锯子都出自他之手,是当之无愧的"木匠祖师爷";纺织业的状元当属黄道婆,她改进纺织工具,织出更多的布,让更多人有衣穿;造纸业的状元当属蔡伦,他用树皮、麻头、旧布和渔网造出了举世闻名的蔡侯纸……

宰牛是个力气活。但只要有力气,就能宰好牛吗?古代宰牛的大力士比牛毛还多,可能当宰牛业状元的,一定是厨神庖丁。

"庖丁"是谁？他宰牛的技术多高超？他有什么秘诀吗？听完下面这个故事，你就能找到答案了。

成语故事

在中国古代厨师界，有一个响当当的人物：庖丁。"庖"是个职业名，指的是厨师，"丁"是人的名字。庖丁，就是名叫"丁"的厨师。

这位丁大厨，生活在遥远的战国时代。他最擅长宰牛，刀法又快又准。有一天，梁惠王嘴馋了想吃牛肉，就把庖丁请到家中，为他宰牛。

第一次见庖丁，梁惠王把他从头到脚打量了个遍："咦，看他的样子，和普通的厨师也没什么两样嘛！我倒要瞧瞧，他究竟厉害在哪里。"

庖丁二话没说，绕着牛仔细看了一圈，然后不慌不忙地提起刀，插进牛的身体。他的目光沉稳又集中，手法细致又娴熟，整个人看起来胸有成竹却又小心翼翼。

锋利的刀刃在庖丁的操控下，灵活游走于牛的身体各处，整个过程一气呵成，没有一点卡顿。庖丁手接触的地方，肩靠着的地方，脚踩着的地方，膝顶着的地方，都发出皮骨分离的声音，仔细聆听，竟然还蕴藏着美妙的节奏呢。

不一会儿，整头牛就分割好了。庖丁轻轻一抖，牛的肉和骨头轻轻松松地分离开，像泥土一样散落在地。庖丁将心爱的宝刀擦拭干净，四下环顾，露出悠然自得、心满意足的神情。

梁惠王眼睛都看直了："早听说您的技艺超群，今天真是百闻不如一见。这绝技，您是怎么练成的?"

庖丁从容地回答："大王，熟知牛的身体构造，掌握解牛的规律，这比单单掌握宰牛的技术更重要。"

梁惠王不解地问："宰牛这么简单的事，只要凭力气不就够了嘛，难道还有什么规律可循?"

看我解牛大法!

庖丁微微一笑，细细讲来："我宰牛已经几十年了。刚开始宰牛的时候，不懂牛的身体构造，眼睛里看到的是整头牛，经常不知道怎么下刀，乱砍一气。三年后，我熟知了牛的身体构造，眼睛里看到的不再是整头牛，而是牛的内部肌理和筋骨，用刀也顺畅多了。而现在，我是用精神去接触牛的身体，不需要用眼睛去看牛，也能准确下刀。我的刀顺着牛的骨节缝隙游走，不会碰到筋骨相连的地方，更不会碰到大骨头。其实我并没有什么宰牛的秘诀，只是依顺着牛本来的身体结构罢了。"

他指着手中的宰牛刀，自豪地说："技术一般的厨工每月换一把刀，因为他们总用刀去砍骨头，把刀刃都砍坏了。技术高明的厨工每年换一把刀，因为他们用刀去割肉，割肉比砍骨头对刀的磨损小一些。您再瞧瞧我这把刀，它用了十九年，宰过的牛有数千头，可刀刃依然锋利，像刚在磨石上磨出来的一样新。掌握了解牛的规律，自己省时省力不说，就连刀也不会被磨损了。"

梁惠王看看宰好的牛，又看看那把闪亮的宝刀，若有所思地点了点头。他对庖丁竖起大拇指，连连夸赞，十分钦佩。

头脑风暴

小朋友，故事听完了，我们来做个头脑风暴吧——古代厨神是怎样炼成的？

宰牛是个既需要力气又需要智慧的工作，光靠蛮力可不行。什么智慧呢？丁大厨把中国人推崇的"工匠精神"发挥到了极致。他热爱自己的工作，勤勤恳恳，踏踏实实，几十年专注钻研一件事，追求精益求精，才练就了一身绝世本领。

如果一个人既不愿意安下心做事，又不愿意开动脑筋，只是日复一日机械地重复已有的劳动，那自己的能力就很难得到提升，只能永远停留在初级水平。

成语游戏

古代牛人有多牛

中国人喜欢牛，赞美牛，还愿意把自己也比作牛。

像牛犁地拉车一样，勤勤恳恳，任劳任怨，就是"俯首甘为孺子牛"。别看平时老实巴交，可要"牛脾气"犯了，死钻"牛角尖"，就是费"九牛二虎之力"也没法把他拉回来。母子情深，妈妈会像"老牛舐犊"一般疼爱宝宝。而年轻人也是"初生牛犊不怕虎"，哪儿都敢去闯一闯。

嘿，小朋友，能连着说出这么一大串"牛"，你真是个"牛人"！

中国古代能工巧匠特别多，他们心灵手巧，技艺精湛，个个也都是牛人。请你"牛刀小试"，把他们的名字、擅长的工作和相关成语连线，看看牛人到底有多牛。

鲁班	绘画，能把龙画活	伯乐相马
织女	驯鸡，训练出的斗鸡个个是常胜将军	庖丁解牛
庖丁	鉴马，能慧眼识珠，找到千里马	高山流水
张僧繇	建筑，发明云梯、石磨和锯子	画龙点睛
孙阳	弹琴，精通琴艺	班门弄斧
纪渻子	射箭，能在一百步之外射掉柳叶	牛郎织女
俞伯牙	织布，能织出最美的云锦	百步穿杨
养由基	宰牛，下刀游刃有余，闭着眼睛就能宰好牛	呆若木鸡

虎的成语

不入虎穴，焉得虎子

班超为什么叫"班定远"?

成语 不入虎穴，焉得虎子

含义 不进入老虎洞，怎么能捉到小老虎？比喻不亲临险境，

就不可能取得成功。

智慧热身

愿君更尽一杯酒，

西出阳关无故人。

羌笛何须怨杨柳，

春风不度玉门关。

小朋友，阳关和玉门关这两个名字，你是不是经常在古诗中见到呀？

汉朝时，它们是朝廷的西大门，出了关就是西域，偏远又荒凉。为了联络那里大大小小的国家，朝廷会派大臣出使西域。这是个苦差，风餐露宿、忍饥挨饿不说，还可能遭遇不测，丢了性命。比如西汉的张骞，带领一百多人通使西域，途中多次遭到扣留，从去到回整整十三年，最后只回来两个人。

所以啊，有胆量出使西域的人，真的很了不起呢。今天，我们就再来认识一位这样的英雄。

成语故事

东汉的时候，有个很了不起的军事家和外交家，他的名字叫班超，人们都爱叫他"班定远"。"定"是安定的定，"远"是远方的远，这么磅礴大气的名字，是怎么来的呢？

其实班超的生活一开始和军事外交根本不沾边。他成长在史学世家，父亲班彪、哥哥班固、妹妹班昭，一家子都是为朝廷写史的人。

古代的史官讲究子承父业，可班超认为记录历史虽然也很有意义，但终究不如创造历史、被别人记录来的有成就感。自小博览群书、能言善辩的他，立下了大志向："我希望像汉武帝时通使西域的张骞一样，为国家建功立业。"

当时，强大的北匈奴控制着西域大大小小几十个国家，阻断了它们和汉朝的联系，还经常骚扰汉朝边境，挑起纷争。

眼看着外患越来越严重，班超果断投笔从戎，跟着名将窦固远征匈奴。在战场上，班超打了胜仗，展现出杰出的军事才能。战斗结束后，他又奉命带着三十六个精壮士兵出使西域，想恢复汉朝和西域各国的联系。

一行人最先来到了鄯善国。刚开始，鄯善国的国王非常热情，用高规格的礼节接待他们，可没过几天，他的态度就来了个 180 度大转弯，对班超冷冰冰的。

班超叫来随从们，担忧地说："听说匈奴使者也来了。鄯善王故意疏远我们，肯定是他们从中作梗。要是哪天鄯善王投向匈奴，出卖了我们，我们就成了豺狼嘴里的羊羔，死无葬身之地了。这该怎么办呢？"

随从们齐声回答："我们都听您的！"

班超说："不进入老虎洞，怎么能捉到小老虎？坐以待毙是不行了，得先下手为强。我探到了匈奴使者的住处，今天晚上我们来个突袭，一举消灭他们。这样就能逼着鄯善王下定决心，归附我大汉朝了。"

趁着夜黑风高，班超带领部下潜入匈奴使者的营地，一些人拿着战鼓藏在帐篷后边，一些人举着武器埋伏在大门两旁。

班超一把火点燃帐篷，又命人擂起战鼓。匈奴人被冲天的火光和震耳的鼓声惊醒，以为汉军大部队打过来了，一下子慌了神，个个抱头鼠窜，四处奔逃，正好逃进了班超提前布好的天罗地网。不大一会儿，一百多个匈奴人就全都被消灭了。

> 不入虎穴，
> 焉得虎子！

　　第二天，班超请来鄯善王，把匈奴使者的头给他看，他顿时吓破了胆。班超瞅准时机，对六神无主的鄯善王晓之以理，动之以情，为他分析利弊得失，给他指明道路。终于，鄯善王被说服了，把王子当作人质交给班超，归顺了东汉朝廷。

　　班超旗开得胜，这一仗打得十分漂亮，在西域各国中引起了不小的震动。汉明帝赞赏他的功劳，提拔他当军司马，担负起打通西域的重任。

　　短暂休整之后，班超又带着危难时刻追随自己的三十六个壮士，继续踏上了西去的路。

头脑风暴

　　小朋友，故事讲完了，我们来做个头脑风暴吧——班超为什么叫"班定远"？

　　其实啊，了解了班超的一生，我们就不难找出答案。班超在西域工作了三十一年，稳住了西域十几个国家，保护了丝绸之路的畅通，维护了汉朝的稳定和安全，促进了民族间的融合和交流。他既能带兵打仗，又有政治手腕，是一个当之无愧的优秀军事家和外交家。为了表彰他的功绩，东汉皇帝封他为"定远侯"，于是，人们都叫他"班定远"。

狐假虎威

狐狸耍威风，全凭谁撑腰？

成 语	狐假虎威
含 义	比喻依仗着别人的威势吓唬人，欺压人。

智慧热身

小朋友，你一定见过老虎和狐狸吧？

老虎又高大又凶猛，头上还顶着个王字，甭提多威风了。相比之下，狐狸又矮又胆小，比力气，论本领，根本不是老虎的对手。

可有一只狐狸，竟敢自称百兽之王，它不仅吓跑了森林里所有的动物，还让老虎甘拜下风，俯首称臣。

它这是哪儿来的胆子呀？

成语故事

先秦时候有个大诸侯国叫楚国，它的历史很悠久，存在了将近九百年的时间呢。

楚国有个君王叫楚宣王，很有治国理政的才能。在群雄纷争的乱世，他一边休养生息保存实力，一边瞅准时机开拓疆土。在他的领导智慧下，楚国迈入了全盛的时代。

有一次，楚宣王问朝中的大臣："我听说，北方诸侯一听到楚国大将昭奚恤的名字就吓得浑身发抖。这是真的吗？"

大臣们摇摇头，答不出来。这时，一个叫江乙的人站出来，给楚宣王讲了一个故事。

从前有一只老虎，它好几天没吃东西了，肚子饿得咕咕叫。老虎在森林里转悠来转悠去，想找点猎物吃。正巧，一只红狐狸从不远处经过。老虎张开血盆大口，咆哮着扑过去，"嗷呜"一下子就把狐狸给捉住了。

眼看着就要变成老虎的盘中餐，狐狸吓坏了。可这家伙天生狡猾，鬼主意特别多，哪儿那么容易就束手就擒啊？它突然眼珠一转，想到了一个妙计。

狐狸挣扎着说："老虎啊老虎，你可千万不能吃我！要是吃了我，你就闯大祸了！"

老虎疑惑地问："为什么啊？"狐狸一看有戏，清清嗓子，继续油腔滑调地说："咳咳，天帝派我下凡，做百兽的首领，统治这片森林。你要是吃了我，就是违背了天帝的命令，是要受到惩罚的！"

老虎心里一颤，不安地问："有这回事？我怎么没听说过呢？你是在胡说八道吧？"狐狸赶紧说："你要是不信，就跟我到森林里走一圈。看看百兽见了我，会不会被我的威风吓跑？"

老虎半信半疑地松开爪子，对狐狸说："倒也是个办法。要是百兽都害怕你，我就放了你。要是百兽不怕你，我还是要吃了你。""没问题！"狐狸拍了拍满身的泥土，整了整凌乱的毛发，然后笑眯眯地带着老虎朝森林深处走去。

狐狸昂首挺胸，大摇大摆地走在前面，装成一副威严的模样。老虎跟在它身后，竖起耳朵，瞪大眼睛，不停地四处张望。"百兽们听着！我是森林之王，你们都得服从我。要不然，我就把你们都吃掉！"狐狸扯开嗓子，大声宣布。

看到狐狸和老虎一前一后，森林里顿时炸开了锅！不管是个头大的野猪犀牛，还是个头小的兔子田鼠，不管是天上飞的老鹰斑鸠，还是水里游的鲤鱼青蛙，都用尽全力拼命逃跑。

"哈哈哈，哈哈哈，你现在知道我的厉害了吧，老虎？"狐狸用凌厉的眼神盯着老虎，故作严肃地问。"知道了……知道了……"老虎以为自己真的遇到了百兽之王，吓得浑身发抖。它甚至害怕狐狸一生气，反而把自己给吃了。

"大……大王在上……小……小的有眼无珠，差点冒犯了您。"它一边求饶，一边夹起尾巴落荒而逃，再也不敢踏进森林半步了。

江乙讲完这个故事，对楚宣王说："百兽逃走，不是因为害怕狐狸，而是因为害怕狐狸背后的老虎。大王，在您方圆五千里的辽阔疆土上，数以百万人的精锐部队都由昭奚恤统领。就像百兽害怕狐狸，其实是害怕老虎一样，北方诸侯害怕昭奚恤，其实是害怕大王您的百万雄师啊。"

动物怕狐狸吗？
其实动物怕的是
狐狸后面的老虎！

后来，人们就从江乙讲的故事中总结出"狐假虎威"这个成语。它是个贬义词，比喻依仗着别人的威势去吓唬人，欺负人。

头脑风暴

小朋友，故事讲完了，我们来做个头脑风暴吧——狐狸耍威风，全凭谁撑腰？

和"狐假虎威"如出一辙的叫"城狐社鼠"。狡猾的狐狸在城墙下打了个洞藏身，人们想把狐狸挖出来，却又担心因此毁坏了高大的城墙；机诈的老鼠把窝安在土地庙下边，人们想用火熏死老鼠，或者用水灌鼠洞，却又怕因此冲撞了土地爷。有城墙庙宇做盾牌，狐狸老鼠过的悠游自在，没人敢动它们一根毫毛。

　　古时候，有些皇帝的近臣就像这狐狸老鼠一样，靠着皇帝撑腰，私底下为所欲为，仗势欺人，做了很多坏事。不除掉他们，国家利益就会受到损害，惩罚他们，又会搅得朝纲失序，不得安宁。这些城狐社鼠，耍尽了狐假虎威的招数，真是国家的毒瘤啊。

三人成虎

皇帝的耳根子为什么不能软？

成语 三人成虎

含义 城里本来没有老虎，可只要有三个人谎传有老虎，听的人就信以为真了。比喻谣言或讹传一再重复，就会使人把谣言当成事实。

智慧热身

小朋友，如果很多人都在同时说一件事，你也会跟着相信吗？

嗯，你们都很聪明，知道耳听为虚、眼见为实的道理。你们也会独立思考，自己判断真和假，不会跟风相信，更不会传播谣言的。对不对？

可总有些耳根子软的人，像墙头草一样，别人说什么就信什么，在谣言面前一点辨别意识和辨别能力也没有，还被谣言牵着鼻子走。

这样的人啊，历史上还真不少呢。

成语故事

春秋战国的时候，周天子已经管不住地方了，诸侯国渐渐强大，不再听周王的命令。而诸侯国之间也是亦敌亦友的关系——今天以礼相待，没准明天就翻脸；今天歃血为盟，没准明天就断交，一切都取决于利益。

为了互相牵制，诸侯国之间经常互相派遣王子王孙到对方国家去当人质。要是哪天对方不守信用了，人质就是个谈判的条件。

有一次，魏国太子要被送到赵国当人质，大臣庞葱陪同前往。从魏国都城大梁到赵国都城邯郸，在交通尚不发达的古代，这一往一返，少则数月，多则数年，中间也不能回来。朝廷里有些就爱挑拨离间，造谣生事的小人，庞葱很担心自己前脚一走，后脚就被人说了坏话。

怎样才能说服魏王不要相信小人的谗言呢？庞葱十分聪明，他打了个巧妙的比方，想委婉地给魏王提个醒。

庞葱问："大王，如果有个人跑过来说大街上有老虎，您相信吗？"

魏王摆摆手："大街上怎么会有老虎？肯定是骗人的。"

庞葱又问："如果第二个人跑过来，也说大街上有老虎，您相信吗？"

魏王迟疑了一下："两个人看见，兴许真的有吧。"

庞葱接着问："如果第三个人跑过来，还说大街上有老虎，您相信吗？"

魏王点点头："一连三个人都说同样的话，那这一定是真的了。"

庞葱见时机成熟，立刻拱手上前，向魏王说出自己的心里话："街上本来没有老虎，如果三个人都说有老虎，那假的也变成真的了。现在，我就要陪太子去赵国了。邯郸离大梁，比街市离王宫远得多。而在背后议论我的人，也肯定远远不止三个。不管别人说我什么，都请大王明察秋毫，不要轻易相信啊。"

魏王看起来若有所思，随即满口答应："放心放心，我可不是那种耳根子软的人。再说，你这么忠诚，我不信你还信谁呢？"

果然，庞葱到赵国没几天，诽谤他的话就像连珠炮一样接二连三传到魏王的耳朵里。

"庞葱居功自傲，从来不把别人放在眼里。"

"庞葱人在邯郸，天高皇帝远，谁知道他要捣什么鬼。"

"庞葱当了甩手掌柜，整天吃喝玩乐，根本不关心太子的安危。"

魏王一开始并不在意这些话，可听得多了，渐渐就信以为真了。"哼，这个庞葱，真是太不像话了！"他开始对庞葱横挑鼻子竖挑眼，越来越不满意。

很久以后，当庞葱陪太子完成任务回到魏国时，没有久别后的接风洗尘，没有劳苦功高的褒奖，魏王甚至连见也不愿见庞葱一面，就这样把他排斥在了朝堂之外，再也没有对他委以重任。

这就是"三人成虎"的故事。街上本来没有老虎，可只要有三个人谎传有老虎，听的人就信以为真了。谣言的威力是不是很可怕呢？

头脑风暴

小朋友，故事讲完了，我们来做个头脑风暴吧——皇帝的耳根子为什么不能软？

中国有句古话叫"兼听则明，偏信则暗"，意思是要听取多方意见，才能明辨是非，做对事情。要是偏信一面之词，就可能犯糊涂，做蠢事。

在古代，皇帝是一国之君，国家的兴衰成败掌握在他手中。要想当个明君，治理好国家，皇帝得有耳听八方的气度，有独立判断的能耐。比如开创了大唐盛世的李世民，就喜欢广开言路。

要是耳根子软，随意听信小人的谗言，那可就糟了！因为三人成虎，众口铄金，谗言的威力太可怕了，金子都能被熔化，何况人呢？昏庸的秦二世胡亥，最后落了个众叛亲离的下场，不就是因为偏信了赵高的谗言吗？

看来啊，在中国古代，国家的命运和皇帝的耳朵真的是分不开呢！

与虎谋皮

与谁不相为谋，与谁惺惺相惜？

成语　与虎谋皮

含义　同老虎商量，要剥下它的皮。比喻所谋之事有害于对方的切身利益，终难达到目的。后多指跟恶人商量，要他牺牲自己的利益，一定办不到。

智慧热身

　　中国历朝历代都实行"家天下"的制度。皇帝是一国之主，全国的财富、土地、臣民都是皇帝一个人的。而皇帝这个美差，也是肥水不流外人田。要是皇帝去世了，宝座就会传给皇帝儿子。

　　可是如果皇室衰微，皇帝能力又不强，可就要小心喽——那些势力强大又很有野心的大臣，很可能"嗷呜"一声，变成凶猛的大老虎，把皇帝这只小花猫给吃掉。

　　坐以待毙只有死路一条。怎么才能突破重围呢？

成语故事

在遥远的春秋时代，有一个诸侯国叫鲁国。鲁国一开始富庶强盛，君主威震四方，可后来发展得并不太好，王室也就渐渐衰微了。

当时，鲁国还有三个强大的政治家族——季孙氏、孟孙氏和叔孙氏，他们气焰很盛，是国家大权的实际掌控者。鲁国国君换了一茬又一茬，到第二十五任国君鲁定公时，早已有名无实，成了被操纵的提线木偶。

这位鲁定公还是挺有上进心的。他不甘心沦为傀儡，立志说："哼，卿大于公，国家必乱，我一定要削弱三大家族的权力，重振君威！"

找谁来辅佐自己完成这个艰巨的任务呢？鲁定公慧眼识珠，任用了圣贤孔子。那时候，孔子已经五十一岁了。

孔子先被派到中都当地方官。当时的中都经济衰败，民风凋敝，很难治理。孔子施行礼制，让老百姓生有保障，死得安葬，不到一年时间，就把中都治理得安定又太平。人们夜里睡觉不用关门栓锁，别人遗失在地上的东西也没有人捡来据为己有，商人们制作器物也不再追求浮华的雕饰。中都因此名声大振，还引得其他诸侯国纷纷来取经效仿。

鲁定公非常满意，提拔孔子当司空，掌管全国土地建设。孔子兢兢业业，也做出了很好的政绩。鲁定公又想对孔子委以重任，封他做大司寇。大司寇可是朝廷重臣，手握立法司法大权，相当于最高级别的法官。于是，他找大臣左丘明商量。左丘明刚正不阿，忠心耿耿，每次做重大决定前，鲁定公总要第一个询问他的意见。

鲁定公举棋不定地说道："孔子是不可多得的贤才，我想提拔他做大司寇。可是，这个职位一直是由叔孙氏世袭的。我是不是应该先和三大家族商量商量呢？"

左丘明也很欣赏孔子的人品和才华，但是不好直说，就讲了一个故事：

周朝时，有个人特别喜欢穿皮衣，吃美食。有一次，他想缝制一件雍容华贵的狐皮大衣，就去和狐狸商量："嘿，把你们的毛皮送给我几张吧，我要做件皮衣。"狐狸们吓得四脚发软，都赶紧逃进了深山。

又有一次，他想用肥美的羊肉祭祀，就去和羊儿商量："嘿，

把你们的肉送给我一些吧，我要拿去祭祀。"羊儿们吓得浑身发抖，都赶紧躲进了树林。

就这样，这个周朝人十年也没有缝成一件狐皮大衣，五年也没有办成一次祭祀。这是为什么呢？

鲁定公哈哈大笑："剥皮割肉的事是要命啊，谁会这么傻呢？"

见时机成熟，左丘明拱手直言："主上，孔子是有德行、有能力的改革家，如果当了司寇，一定会触及三大家族的利益。您与他们商量，就好像是和狐狸要皮，和羊儿要肉，他们肯定会百般阻挠的，又怎么会同意呢？"

鲁定公一拍脑门："嗯，如果想办成这件事情，还是不要和三大家族商量为妙！"

不久，鲁定公就绕过群臣直接封孔子为司寇，赋予他相当于宰相的大权。而连升三级的孔子也没有辜负君王的重托，把鲁国治理得很好。

左丘明讲的这个故事，演化为成语"与狐谋皮"，后来又演化成"与虎谋皮"，比喻和坏人商量，要他牺牲自己的利益，一定办不到。还有个成语"与羊谋羞"也出自这里，表达了同样的意思。

头脑风暴

小朋友，故事讲完了，我们来做个头脑风暴吧——与谁不相为谋，与谁惺惺相惜？

中国古代有很多史官家族，史官往往是世袭的，左丘明的爸爸、爷爷、爷爷的爷爷，爷爷的爷爷的爷爷，都为朝廷修过史。作为鲁国的太史，左丘明在春秋时期是地位很高的官员。

他继承了家族秉笔直书的优秀品质，最看不惯那种巧言令色、卑躬屈膝的小人，这点和孔子特别像。孔子敬重左丘明，赞美他为君子，这可是对读书人很高的评价。同样，左丘明对孔子也佩服有加，他很欣赏孔子的才干和人品。

小朋友，有句话叫"物以类聚，人以群分"，什么样的人就和什么样的人在一起。孔子和左丘明互相欣赏，是惺惺相惜的知己，而那些碰不得、惹不起的大老虎，自然成为正人君子们远离的对象了。

成语游戏

调兵遣将的虎符

老虎是威风凛凛、战无不胜的百兽之王，古人崇拜它的勇猛，就把它的形象用在军事上，制成了虎符。

虎符就是老虎形状的兵符，分左右两半，君王拿右符，将领拿左符。要想调兵遣将，对驻扎在外的将领传达军事命令，君王就得派人带上右符。左右两符合验无误，将领才能发兵。

战国时期，赵国被秦军围困，向魏国求救。魏王迟迟不肯发兵，信陵君情急之下窃符救赵，窃的就是魏王的虎符。

虎符相合，军队整装待发，战争号角就要吹响了。古代战争中少不了刀枪剑戟这些兵器。请你把下面的成语补充完整，看看里面都缺了哪些兵器。

单		匹	马
	光		影
明		暗	
	拔		张
	无	虚	发
折		沉	沙
左	右	开	
自	相		
不	避		
大	动		
众		之	的
亡		得	

兔的成语

狡兔三窟

兔子挖洞，挖出什么政治智慧?

成语 狡兔三窟

含义 狡猾的兔子有很多处洞窟藏身。有多个藏身的地方。

智慧热身

小朋友，你对"客"这个称呼一定不陌生吧。乘车出远门的人叫"旅客"，去商店买东西的人叫"顾客"，在餐厅吃饭的人叫"食客"，围在一旁看热闹的人叫"看客"。那么，你听说过"门客"吗?

门客，是古代的一种职业。春秋战国时期，贵族招揽能人异士住在家中，供吃供穿，这些人就是门客。当然啦，门客也不吃白食，他们给主人当保镖，为主人出谋划策，甚至能在危难之际搭救主人性命。今天，我们就来认识一位智勇双全的门客，看看他是怎么帮助主人度过难关，化险为夷的。

成语故事

在遥远的战国时代，齐国有一个颇有名望的贵族，他叫孟尝君。孟尝君的封地薛城是齐国数一数二的繁华大都市，那里的土地、百姓和税收都归孟尝君所有。孟尝君也很大方，他招贤纳士，光是帐下门客就有三千多人。门客们享受着优厚的待遇，吃的用的都和主人一模一样。

有个叫冯谖的人，穷得叮当响，天天饿肚子，为了找口饭吃，也去孟尝君家应聘门客。孟尝君没看出冯谖有什么才能，却依然给了他最高级别的礼遇，赏赐他鲜美的鱼肉和华丽的车马，还派人侍奉他的老母亲。冯谖受到尊重，十分感激，一心想寻找机会报恩。

有一次，孟尝君想找个精通会计的门客替他去薛城收债，冯谖自告奋勇前往。临走时，冯谖问："主人，债款收齐了，我买点什么回来？"孟尝君说："先生看我家里缺什么，就买点什么吧。"

冯谖来到薛城，看到欠债的人都是些贫苦的百姓，顿时心生一计。他高声喊道："孟尝君慷慨大度，他把债务一笔勾销，不用还啦。我现在就烧了所有的债券！""万岁！万岁！"人群顿

268

时沸腾起来，百姓们振臂高呼，对孟尝君千恩万谢。

没有收上债款，孟尝君自然很不高兴，对冯谖冷眼相看，而冯谖却不急不慌地解释说："主人，您宫中有无数的珍宝、猎狗、骏马和美人，真的是什么都不缺，就缺一些仁义。我用区区一些债款，为您买回了仁义，这是一个长久的买卖啊！"

后来，孟尝君被齐王罢免了官职，带着家眷门客返回自己的封地。离薛城还有一百里路时，就看到百姓们扶老携幼，夹道相迎。他恍然大悟，转过头对冯谖说："先生啊，当初您为我买的仁义，我今天终于看到了！"

> 狡兔三窟，
> 您现在只有一个洞，
> 我要再为您挖两个洞。

> 热烈欢迎！

> 您为我买的仁义，
> 我看到了！

冯谖语重心长地说："狡猾的兔子为躲避天敌追捕还要挖三个地洞呢。主人，您现在只有一个洞穴，还不能高枕无忧。请让我再为您挖两个洞穴吧。"

不久，冯谖来到梁国游说梁惠王："齐王有眼无珠，赶走了孟尝君，您正好趁此机会把他挖过来。如果能得到他的辅佐，梁国一定会国富兵强。"梁惠王很高兴，赶紧准备了一千两黄金和一百辆马车，专门派出二十余名使者聘请孟尝君当相国。

冯谖快马加鞭赶回孟尝君家，对他说："主人，梁国使者快到了，虽然千两黄金和百辆马车非常诱人，但请您不要接受，耐心等待齐国的反应。"就这样，魏国使者三顾茅庐，孟尝君都没有答应。

眼看梁国来挖墙角，齐王又急又怕，坐立不安。他也赶紧准备好一千两黄金、两辆彩车、一把佩剑和一封道歉书，派人送到孟尝君手中，还许诺他相国的职位。

这时，冯谖又提醒孟尝君："主人，请您请求齐王，赐给您先王传下的祭器。您把祭器放在薛城，建立宗庙。只要宗庙在，齐王就不敢对您轻举妄动，您的大后方也就安全了。"

不久，宗庙建成了。冯谖欣喜地对孟尝君说："禀告主人，您的三个洞穴都已凿成，这下您可以高枕无忧了！"

孟尝君感慨地说："先生深明大义，高瞻远瞩，您为我所做的一切，令我十分钦佩！"

果然，在冯谖的谋划之下，孟尝君安安稳稳当了几十年相国，没有经历一点祸患。

头脑风暴

小朋友们，故事听完了，我们来做个头脑风暴吧——兔子挖洞，挖出什么智慧？"三"在表示数字时，既可以指"三个"，也可以指"多个"。在"狡兔三窟"中，"三"就是"多个"的意思。哈哈，原来兔子的资产雄厚，不止三套房呢！

不过，去兔子家做客可不太容易。和人类把房子建在地上不一样，兔子最会挖洞了，它们把家安在深深的地下。兔子的地下宫殿很大，有育儿室、起居室、储藏室，还有纵横交错、四通八达的逃生地道，连接着地上许多入口。兔子的鼻子、耳朵和视力特别灵敏，一旦发现敌人，能马上钻进最近的入口，转眼溜之大吉。

冯谖受到兔子的启发，把兔子挖洞避敌的智慧运用到政治斗争中，未雨绸缪，为主人事先搭建好藏身之地，做好避祸准备，是不是也非常聪明呢？

守株待兔

什么错误，农夫和国君都会犯？

成语 守株待兔

含义 守在树桩子旁边，等待兔子往上撞。本义是讽刺死守狭隘的经验，不知道变通，也可比喻坐等意外收获的侥幸心理。

智慧热身

锄禾日当午，汗滴禾下土。谁知盘中餐，粒粒皆辛苦。

小朋友，这首名叫《悯农》的唐诗，你在一年级时就学过了吧？

中国几千年来都是农耕社会，古人大多以种田为生。不过那时可没有什么先进的松土机、播种机、灌溉机、除草机、联合收割机，种田全靠人力和畜力。庄稼长得好不好，还得看老天爷的脸色。所以在古代，当农夫是一件很辛苦的工作，《悯农》这首诗就形象地描写了农民耕种的艰辛。

要是不耕田，不种地也能吃饱肚子，过上好生活，那该多好啊！别说，有个农夫还真遇上了这样的美事。

成语故事

在很久很久以前的春秋时期，宋国有一个农夫，他家里世世代代都以种田为生，日子过得紧巴巴。

早晨天还没亮，农夫就扛起锄头去田间耕种。晚上太阳下山，他才披星戴月，收拾农具往家赶。遇到风调雨顺的好年景，除了上缴赋税，还能攒下些粮食，够全家人吃饱肚子。要是赶上大旱大涝或闹蝗虫，那可就遭殃了，税交不上不说，全家人都得忍饥挨饿。

"哎，种田太辛苦了，可除了种田，我什么也不会啊！"农夫经常叹气，"幸运之神什么时候才能降临到我身上呢？"

有一天，农夫正在给庄稼除草，看到一只野兔从树林中窜出来。兔子可能受到了什么惊吓，撒开腿没命地朝前跑。前面有个大树桩，兔子躲避不及，一头撞到上面，扭断了脖子，当场就死了。

"嘿，真是天上掉馅饼，遇到了这样的美事！不费吹灰之力，就得到一只大兔子，我真是太幸运了！"农夫乐得手舞足蹈，赶紧跑过去拎起死兔子。"啧啧啧，这兔子又肥又大。先炖一锅香喷喷的兔子肉解解馋，再做一副暖乎乎的兔皮手套。"农夫越想越高兴，索性今天不种地了，带着兔子回了家。

　　尝到了甜头，农夫心里打起了小算盘："一天一只，一个月就是三十只，一年就是三百六十五只。嘿，如果每天都能捡一只大兔子，我就不用辛辛苦苦地种地了。"于是，他扔下农具，不再耕田，天天守在大树桩旁边，希望再遇到撞死的兔子。

那傻兔子怎么还不来撞树？

　　早晨，太阳还没有露头，农夫就拿着干粮，早早坐在树桩旁边等；中午，太阳火辣辣的，热得树上的蝉"知了知了"叫个不停，农夫晒得大汗淋漓，却也不敢离开树桩半步。"万一死兔子被别人捡走了怎么办？"他想。晚上，田野里黑漆漆的一片，借助微弱的月光，他还在四下张望，寻找兔子的踪影。

　　"喂，你整天守着树桩，不种地、不砍柴，到底在发什么呆呀？"乡邻们扛着锄头从田里干活回来，好奇地问农夫。

　　"哎呀，你们不懂，我在等兔子撞树啊，这可是个天大的好买卖！"农夫很得意地朝大家撇撇嘴。

他的农具都横七竖八地躺在田间闲置起来。日久天长，翻地的耒被蚂蚁蛀空了，锄地的锄头生锈了，连耕地的犁也稀里哗啦散架了。"没关系，农具坏了不算什么，我会有好几百只兔子呢！"农夫心想。

再也没有人给庄稼浇水，施肥，除草，驱虫。庄稼长得又瘦又小，叶子被虫子咬得满身是洞，野草疯狂地生长，整个田地都荒芜了。"不要紧，庄稼蔫了不算什么，我会有好几百只兔子呢！"农夫琢磨。

一天天过去了，农夫等啊等，盼啊盼，等到眼冒金星，盼到两眼发直，却再没捡到一只撞死的野兔。转眼秋天到了，田野里金灿灿的一片，谷子获得了大丰收。人们用一担担粮食装满自家的粮仓，准备过冬的食物。农夫这才回过神来，可当他想去种田的时候，发现庄稼早就种不成了。

"哎，我怎么这么倒霉？兔子兔子，你到底在哪儿呀？"农夫垂头丧气地倚着树桩，怎么也想不明白这件事。

看到他这副样子，乡邻们既同情又鄙视："总想不劳而获，天下哪有这样的好事？真是个呆子！"而农夫守株待兔却竹篮打水一场空的荒唐故事，也被乡邻们一传十，十传百，沦为整个宋国的笑柄。

头脑风暴

　　小朋友，故事讲完了，我们来做个头脑风暴吧——什么错误，农夫和国君都会犯？

　　守株待兔的故事是韩非子写的。韩非子生活在战国时代，是当时有名的思想家和哲学家，他很喜欢借用寓言故事来表达自己的观点。韩非子最初写这个故事，是想提醒当时的国君，在治理国家的时候，不要不假思索地搬照古法，也不要墨守成规，应该根据当前社会的实际情况，制定适合当前形势的治国方略。要不然，就会像农夫那样，犯守株待兔的错误。

兔死狗烹

古代君王为什么喜欢过河拆桥？

成语 兔死狗烹

含义 兔子死了，就煮了猎狗。比喻大事成功之后诛杀有功的人。

智慧热身

小朋友，你知道吗？在古代，有的皇帝翻脸，比翻书还快呢。打江山的时候，再苦再难，大家都能同舟共济。可当江山打下来，皇位坐稳后，皇帝就得了疑心病，看谁都没安全感，尤其是那些昔日一起并肩作战、能力很强的小伙伴们，就更成了他的眼中钉。

当皇帝心中的阴影面积越来越大时，糟糕，小伙伴们就要倒霉了。不信？你来听听下面这个故事。

成语故事

先秦的时候，长江中下游有两个古老的诸侯国，一个叫越国，一个叫吴国。

越国的国君勾践来头可不小，那个三过家门而不入的治水英雄大禹就是他的祖先。吴国的国君夫差也不是等闲之辈。越国和吴国虽然相邻而居，关系却不友好，经常打仗。

有一次，勾践想要攻打吴国，大臣范蠡劝阻道："大王，听说夫差正没日没夜地练兵，士气很盛。此时进攻，我们恐怕会出师不利啊。"

勾践执意出兵，结果真的被打得落花流水，困在了会稽山上。范蠡又劝他："大王，事到如今，您只有亲自去夫差面前谢罪，做他的奴仆，或许可以使越国转危为安。"

于是，范蠡陪勾践去吴国请罪，文种则留在越国处理政事。夫差见范蠡是个人才，想挖墙脚撬走他，范蠡不为所动，只老老实实地跟在勾践身边。

勾践为夫差端茶倒水，牵马提鞋，像奴仆一样侍奉夫差，心中不免难过。范蠡鼓励他："大丈夫能屈能伸，只要留得青山在，我们就还有翻身的机会。"夫差生病了，勾践为诊断病情，亲自用嘴尝了尝夫差的粪便，这也是范蠡导演的一出戏："只有这样，咱们才能进一步取得夫差的好感和信任。君子报仇，十年不晚呐。"

看到勾践服服帖帖的样子，夫差很得意，以为他真心归附了，就渐渐放松了警惕，而后竟放虎归山赦免了他。

可夫差做梦也没想到，勾践这只猛虎有朝一日将挥舞利爪反扑，紧紧扼住了他命运的咽喉。

勾践回到越国，开始奋发图强。他在屋子里挂了一颗苦胆，每天坐卧吃饭时，都要尝尝苦胆的苦涩味道，提醒自己别忘了所受的屈辱。

大臣范蠡和文种也是尽心尽力，发展农耕，整顿军队，重建都城，帮助勾践东山再起，为复仇做准备。

几年以后，越国再次崛起，而吴国却因夫差的荒淫和昏庸渐渐走了下坡路。苦心人，天不负，卧薪尝胆，三千越甲可吞吴。公元前473年，勾践一雪前耻，攻破吴国都城，夫差兵败自杀。

勾践称霸，范蠡和文种功不可没。按理说，挺过大风大浪，两人可以享享清福了，可历史往往太过现实和残酷。

范蠡拒绝了高官厚禄，悄悄离开越国，到很远的地方隐居起来。文种没有走，当了大官。

一天，文种收到一封密信，竟然是范蠡寄来的。信中说："飞鸟尽，良弓藏。狡兔死，走狗烹。勾践这个人心机很重，只能共患难，不能共享乐。你也赶紧离开他吧。"

文种犹豫不决，就假托生病总不去上朝。一些小人开始散布谣言，说文种这是要造反。勾践听信了谗言，十分生气。他派人给文种送去一把剑，说："当初，你教了我七条对付吴国的策略，我只用了三条，剩下四条你去送给先王吧。"

宝剑的寒光让文种打了个哆嗦："这是要我死啊！范蠡说的没错，勾践这个人过河拆桥，心太狠了。"

我年事已高
不能入朝为官了

可在古代，君让臣死，臣怎能不死呢？可怜的文种，颤颤巍巍地举起宝剑，绝望地闭上了眼睛。

头脑风暴

小朋友，故事讲完了，我们来做个头脑风暴吧——古代君王为什么喜欢过河拆桥？

其实啊，鸟尽弓藏，兔死狗烹，这种过河拆桥的行为，并非只有勾践做得出来，历史上很多君王都这么干过。

齐国的晏子只用了两个桃子，就帮助齐景公把三个屡立战功的元老斩草除根；韩信随刘邦南征北战，立下汗马功劳，可西汉建立没多久，贵为开国功臣的他就被刘邦一贬再贬，最后遭吕后和萧何暗算而死；宋太祖请石守信等开国将领喝了一顿酒，就解除了他们的兵权，一个个打发回了老家……

说到底，这些臣子都很强，强到君王害怕他们功高盖主，威胁自己的权力和地位，所以就选择了痛下杀手。

小朋友，对于古代君王这种无情的行为，你是怎么看的呢？

成语游戏

动物躲猫猫

对于大自然中的动物来说，野外生活固然自在，却也时时刻刻潜藏危险。既要自己捕猎，又得高度警惕四周，免得沦为天敌的盘中餐。有什么好办法能躲过狩猎者的追捕呢？

狡黠的兔子给自己挖了好几个洞穴，这下可安全了。动物们觉得这真是个躲避狩猎者追捕的好办法，都纷纷效仿兔子四处建房子。请你在每个小房子里，各填上一个带"兔""狐""猫""鸟""蝉"字的成语，让它们赶紧躲进避难所吧。

兔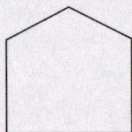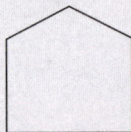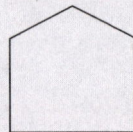

狐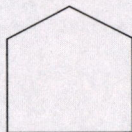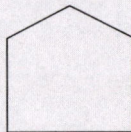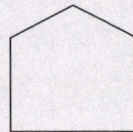

猫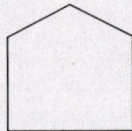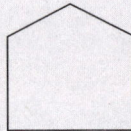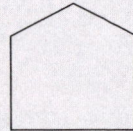

鸟

蝉

龙的成语

车水马龙

布衣皇后为啥不重用娘家人？

成 语 车水马龙

含 义 车如流水，马如游龙，形容热闹繁华的景象。

智慧热身

小朋友，你知道"布衣"这个词吗？在古代，布衣是用廉价的麻和葛织成的衣服。穿布衣的人都是些普普通通的平头百姓，所以叫布衣百姓。

历史上还有布衣皇帝、布衣皇后、布衣将相这样的称呼。皇帝、皇后和将相，地位尊贵，生活富足，完全穿的起绫罗绸缎，为什么他们也会被叫"布衣"呢？

今天，我们先来讲个布衣皇后的故事。听完故事，你就能找到答案啦。

成语故事

俗话说，家家有本难念的经，作为全国最富有、最尊贵、最神秘的皇帝家，肯定也是大事小事一箩筐。

皇帝在前朝处理军政大事，看好后院的任务就落到了皇后头上。从相夫教子、管理嫔妃到一大家子人的吃穿用度，能做好这些，绝对是个称职的贤内助。

东汉时期，汉明帝的妻子马皇后，就是这样一位温良贤淑、德才兼备的好皇后。

马皇后出生在名门望族，父亲叫马援。马援是谁呀？就是那个立志马革裹尸、战死疆场的东汉大将军。马援死后，马家的运势急转直下。勤劳又能干的马姑娘，十岁起就独挑大梁，料理家事，把上上下下打理得井井有条，俨然一副大管家的模样。

十三岁的时候，马姑娘被选入后宫服侍皇后。她是个智商、情商都很高的女孩，待人接物周到细致，性格谦恭和顺，人缘特别好，后宫上上下下的人都很喜欢她，尤其是皇太子刘庄。后来，刘庄成了汉明帝，备受宠爱的马姑娘被册封为一国之母，成了马皇后。

虽然贵为后宫之首，她却是个布衣皇后，生活非常简朴。穿的是不镶花边的粗布衣，吃的是平平淡淡的家常饭，身边的侍从穿戴用度也很朴素。在马皇后的表率下，后宫的风气越来越好。

马皇后知书达理，熟读《易经》《春秋》《楚辞》等古代经典，对国家政事很有见解。汉明帝每每遇到难题，她都能想出好对策，为丈夫分忧。而马皇后又很懂得分寸，只给出自己的建议，从不干涉朝政，也不偏袒娘家人，这令汉明帝十分安心。

后来，汉明帝驾崩，汉章帝继位，马皇后也荣升为了马太后。马太后一直没有生育，汉章帝是她的养子。她对这个儿子从小就非常疼爱，视如己出；而汉章帝对养母也心怀感恩，比亲儿子还孝顺。

有一次，汉章帝想提拔马太后的娘家舅舅，给他们封官加爵。马太后听闻后，连连摇头。这光宗耀祖、福荫子孙的好事，一般人想都不敢想，可马太后为什么不同意呢？

她说：“前几天，我路过舅舅们家，看到大门口车如流水，马如游龙，都是去拜访和请安的人。再一看家中的仆人，个个衣

着华丽，神情高傲。他们啊，只知道坐享其成，根本不操心国家大事，怎么能提拔重用？况且，外戚担任朝廷重要职务会引来祸患，这可是前朝的教训啊。"马太后一向不徇私情，态度十分坚决，汉章帝拗不过她，只好不再提及此事。

马皇后深明大义，德冠后宫，可惜的是，这位贤后四十岁时就去世了。她被追赠为明德皇后，这是对她一生品行的最大褒奖。从没落的贵族之家到森严的深宫后院，从娉娉袅袅的豆蔻少女到母仪天下的布衣皇后，如果说人生是一场折子戏，马皇后就是一个技艺精湛的演员，将女儿、妻子、母亲和皇后的角色都演绎得恰到好处。

头脑风暴

小朋友，故事讲完了，我们来做个头脑风暴吧——布衣皇后为啥不重用娘家人？

中国古代是男权社会，国家政权由男性把控，女性啊，是不可以参政的。马皇后很有政治头脑，却相当自律，不搞外戚专权，维护了朝政的稳定，给后世的嫔妃娘娘们做出了表率。

相反，西晋有个叫贾南风的皇后，野心很大，对权力十分迷恋。她将触手从后宫伸到前朝，大肆干预朝政，排除异己，引发了西晋皇族间一场严重的内斗。对于贾南风，后世的史学家一般都是持否定态度的。

　　历史的车轮驶进现代社会，如今女性和男性一样，拥有了平等的权利，可以发挥自己的政治才干，在政坛上释放出耀眼的光彩，相比古代，这是一件多好的事情啊。

画龙点睛

神来之笔有多神?

成语 画龙点睛

含义 比喻艺术创作在关键处着墨或写作、说话时在关键处加上精辟词语，能使得内容更加生动传神。

智慧热身

小朋友，你知道神笔马良的故事吗?

穷孩子马良特别喜欢画画，却连支像样的笔都没有。一次，好心的仙翁送给他一支神笔。马良用神笔画画，画什么，什么就活了。画只老鹰，就能扑棱扑棱冲上云霄；画头老牛，就能吭哧吭哧下地干活；画架水车，就能咯吱咯吱转起来，帮乡亲们灌溉庄稼。是不是很神奇?

在中国绘画史上，还真有一个画家练就了这样的"神来之笔"。他画出的龙，能一下子腾空飞起!

你不信?那就快来听听下面的故事吧。

成语故事

东晋灭亡后，中国进入了南北朝时期。南朝地处中国的南方，陆续出现了宋、齐、梁、陈四个政权，定都在建康，就是现在的南京。

南朝的皇帝们信奉佛教，建造了大大小小的庙宇和寺院，多得都数不清。这些寺庙的墙壁上还绘制着精美的壁画。当时，一个名叫张僧繇的人，就经常奉梁朝的皇帝梁武帝之命，为寺庙画壁画。

张僧繇是个很有造诣的画家，擅长写实，画什么像什么。他的画惟妙惟肖到什么程度呢？

有一次，梁武帝很思念生活在外的皇子们，就请张僧繇为皇子们画像。梁武帝盯着画像看了许久，激动地老泪纵横，就好像看到了一模一样的真人。

又有一次，一座寺庙鸽子成灾，它们栖息在房梁上，鸽粪污染了佛像。于是，张僧繇在寺庙的东墙上画了一只鹰，西墙上画了一只鹞，两只猛禽眼神凌厉地盯着房梁，把鸽子全吓跑了。

张僧繇名声在外，请他画壁画的寺庙越来越多。这不，他又来到了安乐寺，几天工夫就在寺院的墙壁上画好了四条腾云驾雾的飞龙。

到了揭幕那天，众多的僧侣、香客和百姓里三层，外三层，把画壁围了个水泄不通。"听说啊，这画龙的人是专门给皇帝皇子画像的，可厉害了！"一个消息灵通的看客说。

这时，大幕被缓缓揭开，只见灰白色的墙壁上盘踞着四条威风凛凛的龙。一条利爪激浪，向前奔腾；一条口含宝珠，昂首挺胸；一条摇头摆尾，张牙舞爪；一条弓起身子，藏在云中。

"快看呐，这龙活灵活现的，好像真的一样！"

"是啊，是啊，不愧是朝廷派来的大画家！"

突然，有个人大叫起来："喂，你们瞧啊，这些龙眼眶里白白的，怎么没有眼睛？"众人一看，对呀，果然没有眼睛，就纷纷议论起来。张僧繇平静地说："诸位，万万不可点上眼睛啊，要不然龙可就飞走了。"

"点上眼睛就能飞？哪有这样的怪事，我们才不信呢。"

"您倒是给龙画上眼睛让我们看一看啊！"

大家你一句我一句地说。

张僧繇见实在推辞不掉，只好拿起笔，朝其中两条龙的眼眶里轻轻点了两笔。不料，笔尖刚落，令人惊异的一幕出现了！

咔嚓！轰隆！

老天爷瞬间变了脸。前一秒还是个艳阳天，下一秒就狂风大作，黑云翻滚，电闪雷鸣。那两条有了眼睛的龙，也仿佛中了魔咒一般，使劲扭动身体，紧接着"轰"的一声破壁而出，凌空飞起，在寺庙上方盘旋两周后，消失在了云海中。

"龙飞走了！龙飞走了！"看客们被这突如其来的变故吓坏了，瞪大双眼，惊声尖叫。

"哎，这回你们总该相信我的话了吧。"张僧繇无奈地叹了一口气。

天慢慢放晴了，寺院里静悄悄的，鸦雀无声。刚刚回过神儿来的人们，都狐疑地揉着眼睛，齐刷刷地朝墙壁看过去——灰白色的墙壁上，只剩下两条没眼睛的龙，安安静静地待在画中。而那两条点了眼睛的龙却不见了，只留下半面空空的墙壁。

头脑风暴

小朋友，故事讲完了，我们来做个头脑风暴吧——神来之笔有多神？

京口瓜洲一水间，钟山只隔数重山。春风又绿江南岸，明月何时照我还。

北宋诗人王安石的名诗《泊船瓜洲》，你肯定会背。这第三句啊，王安石最开始写的是"春风又到江南岸"。他吟诵时，觉得"到"字太普通了，又试着改了几个字，比如"过""入""满"等，可都不满意。后来经过反复推敲，他用了一个"绿"字，把春风的动态美表现得淋漓尽致，成了全诗的点睛之笔。

出于对文字的敏感和讲究，诗人们总是喜欢精挑细选，选择最贴切、最生动、最富有表现力的字词来表情达意，这就是"炼字"，就像画龙点睛一样，是诗人们最得意的神来之笔。

叶公好龙

谁是倒霉的背锅侠？

成语 叶公好龙

含义 比喻表面喜欢，见到真的后反而害怕，实际上不是真
正喜爱。

智慧热身

小朋友，你有没有发现，我们身边藏着不少龙呢。

端午节"赛龙舟"，春节"舞龙灯"，还有"二月二龙抬头"
敬龙祈雨。唱戏时走过场的小人物，那是在"跑龙套"；肚子饿了，
妈妈会给你煮一碗"龙须面"；怀孕的阿姨生了一双儿女，人们
就恭喜她得了"龙凤胎"；就连沿海城市一到夏天，经常刮起"龙
卷风"。

不过这些都不是真龙。龙是神异的动物，平时藏在云里，潜
在深潭，不是谁想见就能见的。可古代有个人却超级幸运，因为
龙竟然主动去拜访他呢。

他是谁？他究竟有什么特殊的本领，能召唤真龙呢？

成语故事

在三千多年前的春秋时代，社会动荡不安，诸侯国纷争不断。为了让国家变得更强大，诸侯们都喜欢招贤纳士，建立自己的智囊团。

孔子有个徒弟叫子张，他有一肚子的学问，品行正直高尚，是个难得的贤才。听说鲁国国君鲁哀公很重视人才，子张就千里迢迢赶去求见他。可是一连等了七天，鲁哀公根本就不搭理他。子张很生气，就给鲁哀公的仆人讲了个故事，让他把故事转述给鲁哀公听。故事是这样的：

从前，楚国有个贵族叫子高，他的封地在"叶"这个地方，人们都叫他叶公。叶公有个很特殊的爱好，他特别喜欢龙。有多喜欢呢？

他的家中，凡是有纹饰的地方，全是龙的图案。衣服、饰品上画着龙，酒壶、酒杯上雕着龙，就连门廊、窗户、房檐、梁柱上也都刻满了龙。

每逢别人问，叶公就痴迷地说："龙是天地间的灵兽。它既能显身又能隐身，既能变长又能变短，既能变小又能变大。它会喷水，会吐火，呼出一口气，还会化成云。多么神通广大啊！我真是太……太……太崇拜龙了！"

叶公喜欢龙这件事，传到了真龙的耳朵里。

龙高兴地想："普通人见了我都吓得大气不敢喘，难得有叶公这样的知己。我一定要去拜访他，当面看看他什么样！"

于是，龙腾云驾雾，伴着呼呼的风声从天而降。它的角像鹿、头像驼、眼像兔子、脖子像蛇、肚子像蜃、鳞片像鱼、爪子像鹰、脚掌像虎、耳朵像牛，真是威风凛凛！

龙来到叶公家门口，发现自己大得进不去，就把头伸进窗户，尾巴拖到厅堂上。它朝屋子里一瞅，嘿，真巧，叶公正坐着喝茶呢。

"喂，叶公，您好啊。我是龙，听说您喜欢我，我就来看您啦。"龙笑嘻嘻地对叶公打招呼，声音大得像打雷。

叶公抬起头，先是呆呆地和龙对视了几秒，紧接着"哇"地一声尖叫。"龙……龙……龙来了……救命啊！救命啊！"他扔掉茶杯，挣扎着爬起身，像被老鹰追赶的兔子一样，撒腿就逃。

龙皱着眉头,拦住叶公问:"先生,您不是很喜欢我吗?为什么一见到我就跑呢?"

叶公吓得面如土色,连魂儿都丢了。他结结巴巴地说:"龙……龙大人……我……我……我坦白……我只是喜欢那些假的龙罢了,不喜欢真的龙啊!"

龙撇撇嘴:"哼,我还以为遇到了知己呢,白高兴了半天,原来都是假的啊。"说完,它就摆摆尾巴,撇下六神无主、瘫倒在地的叶公,驾着祥云飞走了。

子张讲的就是"叶公好龙"的故事。他对鲁哀公的仆人说:"我诚心拜访,可您的主人七天都不见我。就像叶公不是真的喜欢龙一样,鲁哀公也并不是真的重视人才啊!"

说完这番话,子张失望地摇了摇头,拎着行囊拂袖而去,再也没有回来。

头脑风暴

小朋友,故事讲完了,我们来做个头脑风暴吧——谁是倒霉的背锅侠?

在叶公好龙的故事里,叶公被刻画成一个口是心非的反面角色。其实历史上真有叶公这个人,不过,他的形象却和成语中的大相径庭。

叶公本名沈诸梁,是春秋时代楚国的贵族。他的封地"叶"

在今天的河南省境内，有几条大河经过，经常遭受洪涝灾害。叶公很痛心，上任后决定兴修水利，消除水患。

兴修水利得先绘制水利施工图。可到哪儿去找这么大地方来画图呢？有了！叶公把自己家的墙壁当成了图纸。那时候，人人信奉神明，而龙是主管水利的神，叶公就在图纸的每个沟渠出水口处画了一条龙，希望龙能保佑风调雨顺。

叶公是个很有作为的政治家，这让有些人犯了"红眼病"，对他又妒又恨。他们看了叶公的水利图，逢人就说："叶公画了那么多龙，可一片云也不画，他就是沽名钓誉，根本不是真喜欢龙。"

这些话被不怀好意和不明就里的人越传越离谱，越传越失真，以讹传讹，最终就编出个"叶公好龙"的假故事，叶公也躺着中枪，成了倒霉的背锅侠。

成 语 游 戏

和皇帝比接龙

很久很久以前，我们的先民就十分崇拜龙。龙是鳞虫之长，能兴云吐雾，上天入地，威严又神秘。正因为这样，古代皇帝就说自己是龙的化身，是天的儿子，拥有至高无上的权力。龙摇身一变，成为皇帝御用神兽，普通人谁都不能用。

作为真龙天子，皇帝坐的是龙椅，睡的是龙床，穿的是龙袍，乘的是龙辇，住的是龙楼凤阁，用的是刻龙纹的器物。千万别惹皇帝不高兴，因为龙颜大怒的样子，真是太可怕了！皇帝喜欢龙，我们就来和皇帝比试比试，做个成语接龙的游戏，看谁接的更快更好。记住，这个游戏要以"龙"字开头，"龙"字结尾。

龙		精		通		大		显

水		山		证		寸		手

心		力		无		途		路

足		无		年		臭		拾

乐		生		欢		合		为

安		危		地		天		飞

当		水		龙

蛇的成语

杯弓蛇影

一杯酒，差点儿要了一条命？

成语 杯弓蛇影

含义 比喻疑神疑鬼，用不存在的事情自己吓唬自己。

智慧热身

李白斗酒诗百篇，长安市上酒家眠。天子呼来不上船，自称臣是酒中仙。

小朋友，你知道吗？在中国古代，不仅仅是大诗人李白喜欢喝酒，许多人都喜欢喝酒。

古人的酿酒技术高超，如果赶上丰年，多余的粮食会被酿成美酒。古人喝酒也有讲究，什么节日或时令就喝什么酒。比如，春节喝屠苏酒，端午喝雄黄酒，中秋喝桂花酒，重阳喝菊花酒。

　　每年的夏至，白天最长，夜晚最短，古人认为这是个不太吉利的现象。所以在这天，人们会留在家中祭祀先祖，宴请邻里，祈求平安。酒作为祭祀或宴请的必备品，就和夏至紧紧联系在了一起。

　　可有个人饮夏至酒，却没保住平安，反而引出一连串"糟糕事"，还差点"丢了性命"。这究竟是怎么回事呢？

成语故事

　　东汉时，汲县有个小县令叫应郴。他没什么县太爷的官架子，平易近人又热情好客，下属们都很尊敬他。

　　有一年夏至，应郴邀请县衙的主薄杜宣到家中赴宴。作为一个整天抄抄写写的小秘书，能被县令邀请，杜宣心中既喜悦又忐忑。

　　酒杯里斟满了美酒。不愧是陈年佳酿啊，香气扑鼻，醇馥幽郁，单是闻一闻就令人有三分醉意。杜宣端起酒杯正要喝，突然心中一紧："这……这酒杯里怎么有条小红蛇，游来游去的？"

　　他吓得双手发抖，却又不敢开口询问。县令斟的酒，别说藏了条小蛇，就是条大蟒蛇，也不敢不喝啊。于是他硬着头皮，闭起眼睛，把酒一股脑灌进了肚。

　　回到家中，杜宣觉得腹痛难忍，仿佛喝下肚的蛇正在撕咬自己的五脏六腑。他头一晕，脚一软，一下子瘫倒在地上。

"哎哟，我的胃好疼，蛇在咬我的胃了！""哎哟，我的肚子好疼，蛇在啃我的肠子了！""哎哟，我的头好疼，蛇钻到我的脑袋里去了！""哎哟，我的心好疼，蛇这是要我的命啊！"

家人急得团团转，赶紧请郎中来瞧，可郎中们谁也没见过这种怪病，都束手无策。而杜宣也开始变得精神恍惚，不思茶饭，最后竟卧床不起，气若游丝。

一天，应郴外出办公，正好路过杜宣家，就进门去探望。他关切地问："自从您在我家喝了顿酒，就生了这样的重病，到底是怎么回事？"

杜宣吞吞吐吐地回答："大人，我上次在您家喝酒，把一条小红蛇给喝进肚了。它一直在我肚子里游啊游啊，真是难受死了。"

应郴觉得很奇怪："怎么有这样的怪事，太离谱了吧？"他回到家，坐在那天宴请的桌边，百思不得其解。他不经意抬头一看，墙上挂着一把弓，弓臂漆成了朱红色，曲里拐弯的，真像一条小红蛇。

应郴恍然大悟："哈哈，一定是这把弓在作怪！"他立刻派人驾车，把杜宣接到家中。应郴请杜宣坐在上次的位置上，递给他一杯酒："先生，请您看一下酒杯里有什么？"杜宣颤颤巍巍地端起酒杯："杯……杯子里有蛇，有蛇，就是我上次喝进肚的那种蛇！"

这时，应郴摘下墙上的弓："您再看看酒杯里，还有没有蛇了？"杜宣一瞧："咦？蛇怎么没了？"应郴又把弓挂回墙上："这回呢？"杜宣再一瞧："咦？蛇怎么又回来了？"应郴指着弓笑道："先生不要害怕，您酒杯中的蛇，只是墙上的弓映在酒杯中的倒影而已，并不是真的蛇啊。"

仿佛大梦初醒一般，杜宣懊悔地直拍脑门："原来如此！我真是对着镜子挥拳头，自己吓唬自己啊。咦？我的肚子怎么突然不疼了呢，哈哈哈。"

说完，杜宣端起酒杯，把美酒畅饮而尽。他一杯又一杯地斟酒，和应郴喝了个痛痛快快。

头脑风暴

小朋友，故事读完了，我们来做个头脑风暴吧——一杯酒，差点儿要了一条命？

像杜宣这样庸人自扰的人，历史上还不少呢。比如那个总担心天掉下来的杞国人，那个"一朝被蛇咬，十年怕井绳"的倒霉蛋，还有那些把草木都看成敌人的前秦士兵们。

恐惧，来自对陌生事物的不了解。有的时候，保持恐惧心理是对的，因为它能保护人们远离危险，不受伤害。而有的时候，恐惧是自己心里假想出来的，它就像一个鼓鼓的气球，看似很大，其实一戳就破。

打草惊蛇

蛇鼠一窝多可怕？

成语 打草惊蛇

含义 打草时惊动了潜伏在草中的蛇。原比喻惩此戒彼，后比喻因为行动不谨慎而惊动了对方。

智慧热身

小朋友，你去过草原吗？

草原的冬天寒冷又漫长，什么也不长。牧民们趁着秋天最后的时光，收割枯黄的牧草，晒干后，给牛羊当冬天的食物，这就叫打草。

古时候，人们打草用镰刀。一镰刀下去，那些藏在草里的鼠啊、蛇啊就现了原形，吓得四处奔逃。这时候抓的话，一抓一个准。

有人说，要是能用这个方法，像挖蛇鼠一样，把藏在朝廷里的贪官都挖出来，那该多好啊。可别说，历史上还真有这么一回事。

成语故事

　　五代十国的时候，有个割据政权叫南唐。南唐有个当涂县，县令叫王鲁。

　　在古代，县令是一县之长，这个官说小也小，说大也大。说它小，是因为朝廷官分九品，县令大多是七品，等级比较低。芝麻小官离皇帝十万八千里，国家大事轮不着他操心。说它大，那也不是吹牛。别看官小，在自己的一亩三分地里，管的事一点不少。遇到丰年，要劝农耕种，督促税收；遇到灾年，要开仓放粮，赈济流民。打仗了，要替朝廷征兵。太平了，要教化百姓。对了，衙门前不是总有一门大鼓吗？听到击鼓鸣冤的，县令还要响木一拍，开堂审案呢。可以说啊，一个县富不富裕，太不太平，很大程度上取决于这个县的县令勤不勤政，廉不廉洁，爱不爱民。

　　而这个县令王鲁，三样中一样也没占。他心思不用在正道上，整天就想着为自己谋私利，把当涂县治理得乱糟糟的。"发财的机会来喽！"这是王鲁的口头禅。他这个人特别爱钱，为了搜刮钱财，什么坏事都做得出来。他看县衙有些破败，就找人把县衙修葺一新，又指使下属做假账，从中捞了一大笔油水。有一年发洪水，当涂县灾情严重，朝廷给当涂县发放救济款。王鲁谎报灾民人数，冒领了不少救济款，在发放给灾民的时候，又克扣下好多。这一倒手，他就贪污了好几万两银子。一个富人触犯了法律，偷偷送了王鲁几箱子金银。见钱眼开的王鲁竟然不顾是非曲直，颠倒黑白，在卷宗上大笔一挥，判坏人无罪。

这样下来，几年不到，王鲁就肥得直流油。他专门腾出一间密室，存放搜刮来的金银财宝。白花花的银子，价值连城的古董，珍奇的字画，贵重的珠宝，堆了满满一屋子。

"哼，当官不为发财，那谁还当官啊？还不如回家种白薯去呢。"王鲁经常一边得意地哼着小曲，一边贼眉鼠眼地自己辩护。

俗话说"上梁不正下梁歪"，看到县令大张旗鼓地贪，属下们也大胆起来，从县丞、主簿，到典史、巡查，个个捞了个盆满钵满。

而当涂县的老百姓可就惨了，不仅生活越来越苦，有冤情也得不到伸张，都恨透了这帮贪官污吏。

事情终于有了转机！朝廷派巡视员到当涂县视察，巡视员想了解县里的真实情况，便鼓励百姓们大胆进言。百姓们欢呼雀跃，就联名写了一个状子，控告县里的主簿贪赃枉法，徇私舞弊。

状子先是被送到了县令王鲁的手中。状子里列举了主簿的几十条罪状，密密麻麻地写了好几篇。一条条读下去，王鲁心跳越来越快，冷汗不停往外冒，手也止不住打颤，还没等看到最后，就腿一抽，脚一软，无力地瘫倒在地。

"哎，哎，这哪儿是揭发主簿，明明就是揭发我这个县令啊！这些罪状，不就是我犯下的吗？真是条条辣眼，字字扎心啊！"

想到这里，王鲁已面如土色，神情慌乱，他不由自主地拿起笔，在状子上哆哆嗦嗦地批下几个大字："汝虽打草，吾已蛇惊。"

这句话的意思就是说，你们虽然只是打草，我已经像伏在草中的蛇一样，吓得心惊肉跳了。写完，王鲁扔掉笔，长叹了一口气，喃喃自语道："完了，完了，这下全完了！"

头脑风暴

小朋友，故事听完了，我们来做个头脑风暴吧——蛇鼠一窝有多可怕？

贪官们就像大老鼠，今天啃一口，明天啃一口，把老百姓的心血吃空。他们又像狡猾的蛇，自己不打洞，光想着霸占别人的洞穴。太可怕了，是不是？贪官真是让人唾弃。那么，清官该是什么样的呢？

手帕蘑菇与线香，

本资民用反为殃。

清风两袖朝天去，

免得闾阎话短长。

这首诗，是明代官员于谦写的《入京诗》。当时朝廷风气不正，很多人为了往上爬，就从老百姓身上大肆搜刮贡品，献给朝中权贵。于谦不愿意同流合污，每次上京奏事都是两手空空。

有人劝他："你好歹也带点有名的土特产，走动走动，送送人情啊。"

于谦举起两个袖子，笑着说："瞧，我这袖子里，可带满了清风啊。"

而《入京诗》里面的"两袖清风"，也被后人用来称颂那些为官清廉、不贪钱财的清官。

画蛇添足

四脚蛇怎么吓退百万兵?

成语 画蛇添足

含义 为画好的蛇添上脚，比喻多此一举，反而会弄巧成拙。

智慧热身

小朋友，你去过天坛吗？那可是皇帝祭天的地方。你见过奶奶灶台边供奉的灶王爷吗？那可是主管老百姓吃饭的大神。

没错，古代上到皇帝下到百姓都喜欢祭祀，祭祀的花样也超级多。今天祭一祭天上的日月星辰、风雨雷电，明天祭一祭地上的山石树木、鸟兽虫鱼，后天祭一祭家族的祖先，一年数下来，这大大小小的祭祀可真不少。

周代流行一种祭祀叫"四时祭"，就是祭祀春、夏、秋、冬四个时节。每逢四个时节的第一个月，人们会把新鲜的农作物献给祖先，祭祀完成后还能喝点小酒。

我们今天要讲的，就是发生在春祭上的一个同喝酒有关的笑话。

成语故事

　　从前，楚国有个贵族，在春天的时候举办了一场盛大的春祭。为了这次活动，贵族的众多门客都跑前跑后，帮了不少忙，出了不少力。所以祭祀一结束，贵族就拿出一坛陈年老酒，倒了一小壶，想分给大伙儿尝一尝。

　　贵族用来盛酒的酒壶叫作卮，是一种中小型的圆柱形酒器，容量不大，装不下太多的酒。门客们盯着这壶酒左看右看，谁也不好意思先伸手去拿，心里都暗自琢磨："呃……这么点酒，这么多人，该怎么分呀？"

　　这时候，有人想出了一个好办法："各位，这酒壶不大不小，里面的酒不多不少。大家一人一小杯呢，肯定不够喝。全给一个人呢，又不公平。要不然，我们在地上比赛画蛇，谁先画好，谁就独享这杯美酒。你们说好不好啊？"

　　大家都觉得这是个妙计，于是纷纷拿起树枝，蹲在地上画起蛇来。

　　有一个高个子门客手很快，几笔下来就画好了一条蜿蜒匍匐的蛇。他心想："嘿嘿，我是第一个画完的，这酒非我莫属了。我可要喝个痛快！"他端起酒壶，吸溜着鼻子，舔着嘴唇，正想往肚子里灌，眼睛却又滴溜溜地朝周围一瞥——哟，那些人有的刚画好蛇头，有的才画了半个身子，有的连个尾巴都没画。

　　他暗自得意，想再炫耀一下自己的本领。于是，他左手端着酒壶，右手拿起树枝，大声说："蛇呀蛇，你什么都好，就是缺几只脚。"说完，他就在细长的蛇身下面画了四只脚。可还没等他画完，另一个矮个子门客就站起身来，高声喊道："我画完啦，我是第一名！"

高个子门客急得跳了起来，指着地上的四脚蛇说："怎么可能，我才是第一个画完的。你瞧，我不仅画完了蛇，还给它加了脚呢。"

矮个子门客笑得直不起腰："蛇本来没有脚，你为什么无中生有，给它画上脚呢？你这不是蛇，是四不像啊。哈哈，你输了，这酒归我啦！"

他一下子抢过酒壶，仰起脖子，咕咚咕咚把酒喝了个精光。"好酒，好酒啊！"他忍不住叫起来。

众人围着地上的四脚蛇，指指点点地说："哈哈，见过两条腿的公鸡、四条腿的驴子，还是第一次见到带脚的蛇。今天真是大开眼界啊！"

而此时，那个为蛇画脚的糊涂虫，正紧皱眉头，懊恼不已。他虽然一滴酒没喝着，脸上却比喝醉酒还要红，羞愧地抬不起头来。

头脑风暴

小朋友，故事讲完了，我们来做个头脑风暴吧——四脚蛇怎么吓退百万兵？

其实，"画蛇添足"是有上下文的，它是齐国谋士陈轸当说客时用来打比方的寓言。

有一次，楚国大将昭阳攻打魏国，拿下八座城池。他想一鼓作气，继续攻打齐国。齐王很害怕，派谋士陈轸去说服昭阳，请求他不要出兵。

陈轸问："将军大败魏军，一定会升职。按照楚国的军律，楚王该如何封赏您？"

昭阳得意地说："应该封柱国的官职，上执的爵位。"

陈轸又问："还有比这些更尊贵的官爵吗？"

昭阳想了想："那就只剩下令尹了，那可是一人之下、万人之上的相国啊。"

陈轸再问："如果将军您同时打赢了魏国和齐国，楚王会封您当相国吗？"

昭阳磕磕巴巴地说："呃，这个嘛……"

接着，陈轸就为昭阳讲了"画蛇添足"的故事。

陈轸说："将军，如果您战胜了齐魏两国，最多得到柱国、上执的官爵。楚王不会封您当相国，因为一个国家怎么能有两个相国呢？可如果您攻齐失败，楚王肯定会怪罪，非但不奖赏您，还可能惩罚您。攻打齐国就像给蛇添上脚那样多余，看似乘胜追击，实则弄巧成拙啊！"

　　昭阳沉思片刻："先生分析得很有道理，我确实应该见好就收，何必多此一举，给自己招惹祸患呢？"

　　不久，昭阳就撤了兵，班师回国。陈轸也凭借高超的辩术，帮齐王化险为夷，解除了危险。四脚蛇怎么吓退百万兵？小朋友，读了这段历史，你肯定知道其中的缘由了吧！

成语游戏

贪心不足蛇吞相

从前，有个穷人救了一条蛇。没想到这条蛇会法术，为了报答救命之恩，蛇对穷人说："你有什么愿望，我都可以满足你。"

一开始穷人希望有吃有穿，蛇满足了他。后来他想当官，蛇又满足了他，一直帮他坐到宰相的高位。可他还不知足，竟然要求蛇施展法术，把他变成皇帝。

"你太贪心了！"蛇生气地张开大嘴，把宰相吞进了肚子。这就是"贪心不足蛇吞相"的故事。

在中国历史上，有铁面无私的包拯一样的好官，也有请君入瓮的来俊臣这样的坏官，有两袖清风的于谦这样的清官，也有贪心不足蛇吞相的宰相这样的贪官。

下面这些成语，哪些形容为官廉洁奉公，哪些形容为官贪赃枉法，请你在方框里填一填吧。

摆袖却金　　两袖清风　　铁面无私　　贪墨成风

素丝羔羊　　渎货无厌　　一琴一鹤　　不饮盗泉

官久自富　　浆水不交　　高风亮节　　得陇望蜀

　　廉洁奉公的好官清官　　　　贪赃枉法的坏官贪官

马的成语

伯乐相马

我的命运谁做主？

成语 伯乐相马

含义 比喻善于识别人才，爱惜人才。

智慧热身

小朋友，你见过马吗？骑过马吗？

很早很早以前，没有五花八门的自动化机械，马就是最先进的劳动力，人们做什么都离不开马——狩猎要用田马，送信要用道马，驮重物要用驽马，打仗要用戎马，仪仗队要用齐马。

所以啊，古代人对马的需求量非常大，而把众马分出个三六九等、好坏优劣，分配到不同的工作岗位上，可不是件容易的事。于是，一个专门和马打交道的职业——相马师就出现了。

相马师怎样慧眼识珠,挑出好马? 今天,我们就来见识见识吧。

成语故事

一个相马师最大的追求,就是从千万马匹中,寻得一匹千里马。一个君王最得意的炫耀,就是在皇家马厩里,有数不清的千里马。

在遥远的春秋时期,有一个对马很有研究的人,名叫孙阳。孙阳在自己的家乡很难施展抱负,便投奔到强大的秦国,成了秦穆公的御用相马师。

秦穆公很重视养马,可以说,没有马就没有秦国。秦国这片地界最开始就是周朝的"养马场",秦国第一代掌门人秦非子就是个"马倌"出身,后来渐渐脱离周王室的控制,自立门户,可养马的祖传手艺并没有失传。

秦国地处陕西,八百里秦川在渭水的滋润下,土地肥沃,水草丰美,是难得的天然马场。孙阳凭借一双火眼金睛,为秦穆公的军队挑选了无数好马。传说,天上管理马匹的神仙叫伯乐,人们因为仰慕孙阳高超的相马技术,也左一个"伯乐",右一个"伯乐"地叫他。日子长了,反倒忘了他的真名。

为了寻觅一匹千里马,伯乐不仅把西北部产马区走了个遍,还来到了离秦国很远的东部太行山区。巍巍太行,山势险峻,岩壁高耸,谷底幽深,自古就是交通要道,是商旅往来的必经之地。

不远处，一匹瘦马拉着一车盐，正在吃力地爬坡。山路太滑了，铺满碎土渣和小石子，马儿几次险些摔倒。山路也太陡了，不论马儿怎么使劲儿，也不能前进一步。它累得汗流浃背，胸脯剧烈地起伏，鼻孔大张，"呼哧呼哧"地喘着粗气。

坐在马车上的车夫，不仅不同情疲惫的马儿，反而扬起鞭子，狠狠地朝它抽去："驾！驾！走啊！你倒是走啊！光吃饭不干活，我怎么养了你这么个没用的家伙！"

马背上立刻出现了几道深深的鞭子印，马儿痛苦地嘶叫着。

伯乐赶紧走过去，轻轻抚摸着马背，还脱下麻布衣服给马儿搭上，看着马儿受委屈，受虐待，他流下了难过的眼泪。"马儿啊马儿，你不该在这荒郊野岭，在野夫的皮鞭下受这般折磨啊！"伯乐心疼地说道。

马儿好像听懂了伯乐的话，突然抬起头，仰天长啸，声音洪亮得像钟磬一般，响彻云霄。伯乐心中一震，痛心地对车夫说："给

你拉车的，是一匹难得的千里宝马。你怎么这样卑贱地对待它？"

车夫噗嗤一声笑了："哼，一匹又瘦又笨的劣马，连杂事都做不好，还说是千里马？真可笑，哈哈哈！"伯乐问："我给你一些钱，你把马卖给我，好不好？"车夫毫不在意地说："哼，我早看它不顺眼了。可是马没了，谁来驮盐啊？"

伯乐说："我这一袋子钱都给你，你看够吗？"车夫掂了掂钱袋子，乐滋滋地点头："好说，好说，这些钱不光够买马，连盐钱也绰绰有余了。"说完，他就拎起钱袋子，头也不回地走了，连盐都不要了。

伯乐赶紧解开缰绳，带着马儿好好饱餐了一顿。觅到了千里马，伯乐露出开心的笑容。马儿也遇到了心有灵犀的主人，一改之前的狼狈，昂首傲立在伯乐身边。

马儿在秦国得到了上佳的待遇，吃着最嫩的草料，喝着最甜的清水，住着最干净的马厩，不多久，就出落得膘肥体壮，英姿勃发。

这真是一匹好马！在一场场赛马比赛中，它疾驰如风，把对手都远远甩在后面。在一次次和胡人的较量中，它也不负众望，载着将军们驰骋疆场，立下了赫赫战功。

世有伯乐，然后有千里马。千里马常有，而伯乐不常有。这匹差点儿被埋没的千里马，最后能出人头地，干出一番大事，多亏了养马、相马、懂马、爱马的伯乐啊！

头脑风暴

小朋友们，故事听完了，我们来做个头脑风暴吧——我的命运谁做主？

商代的周文王，遇到郁郁不得志的垂钓老翁姜子牙，拜他为军师，后来姜子牙辅佐周武王伐纣，建立了周朝；春秋时代的鲍叔牙，举荐和齐王有一箭之仇的管仲当相国，管仲不辱使命，呕心沥血，辅佐齐王成就了霸业；秦汉时候的萧何，举荐了管粮草的无名小官韩信，韩信善于用兵，在战场上屡立奇功，辅佐刘邦统一了天下……

对于伯乐来说啊，想要寻找到千里马，就要有"不拘一格降人才"的眼光和胸怀。而对千里马来说呢，遇到伯乐也在情理之中，因为"机会总是垂青于有准备的人。"

让自己变得优秀，再遇到珍惜才华的人，你的命运就会因此改变。

老马识途

什么事情马行，人不行？

成语 老马识途

含义 老马认识走过的路。比喻阅历多的人经验丰富，能起

引导作用呢。

智慧热身

　　小朋友，你有过迷路的经历吗？

　　迷路是一件很可怕的事。要是在沙漠里迷路，沙漠里炎热又干旱，人很快就会口渴难耐；要是在雪地里迷路，雪和天都是白茫茫的一片，人不仅看不清地形，还可能得雪盲症；要是在大海上迷路，再遭遇暴风雨，那就更糟了，人可能会被冲到一个荒岛上，与世隔绝。

　　如果在迷路人最惊慌的时刻，有个英雄能及时现身，出手相救，那就好了。在中国历史上还真有这样的英雄，搭救了迷失在荒漠中的远征军队。不过，这些英雄不是人，不是神，而是几匹老马。

老马救大军，这是怎么回事？我们来听听下面的故事吧。

成语故事

在春秋时期，中国北方有一个强大的诸侯国，叫作齐国。齐国濒临渤海和黄海，地理位置优越，在国君齐桓公和丞相管仲的治理下，百姓生活富足，军队实力也很强。

在齐国的西北方向，有一个诸侯国叫燕国。燕国的周围有不少少数民族政权，尤其是一个叫山戎的，仗着自己地势险要，兵马强壮，经常侵扰燕国。

有一年，山戎又派重兵攻打燕国，燕庄王抵挡不过，赶紧向紧邻的齐国求救。燕国和齐国唇齿相依，齐桓公二话没说，亲自挂帅，带着一支精锐部队讨伐山戎。

山戎吃了败仗，首领密卢慌忙逃到了孤竹国。齐桓公的军队乘胜追击，也一直打到了孤竹国。

孤竹国的人也不是吃素的，他们杀了密卢，想出一个诈降的计谋。孤竹国的大将黄花提着密卢的脑袋，来到齐军军营，假装说："孤竹国国王逃到了"旱海"，搬救兵去了，我怎么都劝不住。我愿意归顺齐王，带着齐军把国王给追回来。"

齐桓公信以为真，就带着大部队跟着黄花，不知不觉来到了"旱海"腹地。

黄花口中的"旱海"其实就是一片人迹罕至的荒漠，没有草木，没有鸟兽，没有水，没有路标，除了一望无际的砂石，就是迷途动物留下的枯骨。这可怕的禁地，被当地人叫作迷谷，走进去容易，想走出来？做梦吧。

大家迷了路，赶紧四处寻找黄花，可他早没了踪影。这时候，齐桓公才发觉这是黄花的诱敌之计，大呼上当。

齐军走也不是，不走也不是，就这样孤零零地搁浅在了荒漠之中。刺骨的北风夹杂着砂石，吹得天昏地暗，人仰马翻。夜晚的荒漠，气温很低，连头发都结了冰。将士们的干粮和水都剩得不多了，一个个饥肠辘辘。迷路加上饥寒，齐国的兵马完全乱了阵脚，只能先驻扎在旷野中。一个晚上就冻死了好多人。

第二天天一亮，士兵们就去找路，可是东冲西撞，一行人就像无头苍蝇似的，根本找不到方向。

就在大家快绝望的时候，相国管仲想出一个办法："大王，臣听说老马记忆力很好，能记住走过的路。军队里的燕马多从漠北而来，从小就生长在这种环境中。咱们挑选几匹老马，让它们带着大部队走，兴许能走出迷谷。"

齐桓公听了连连点头，赶紧叫将士们选出几匹老马，解开马鞍和缰绳，让它们依照自己的感觉一路朝前走去。

老马们时而低着头，扇动着大大的鼻孔，嗅探土地的气味；时而又昂起头，竖起宽阔的耳朵，倾听呼啸的风声。它们的眼睛注视着遥远的北方，马蹄不安分地哒哒作响。在这似曾相识的荒野中，老马们脑中封存的记忆，仿佛融化的冰雪，一点一点地被唤醒。

这个方法奏效了！老马们一路上走走停停，弯弯绕绕，过了不久，真的带领疲惫的将士们找到出口，逃离了这片可怕的迷谷。

关注我
不迷路

头脑风暴

　　小朋友，故事讲完了，我们来做个头脑风暴吧——什么事情
马行，人不行？

　　人类驯马的历史有好几千年。马为人类驮东西、干重活，从
来没有怨言。可是如果你认为马是一种四肢发达、头脑简单的动物，
那就大错特错了。

　　其实，马的智商是很高的。

　　试一试，你能抽一抽鼻子，就分辨出什么没毒，什么有毒吗？

能晃一晃脑袋，就分辨出哪里有水，哪里没水吗？能抖一抖耳朵，就分辨出哪里安全，哪里危险吗？

不行吧，可是马就行。

在草原上，不论遇到什么吃的，马的第一反应就是伸过鼻子闻一闻。要是熟悉的草料，它就会安心享用。要是有毒的植物或者不干净的水，它也会闻出异样，躲得远远的。即使是草原上的旱季，马也不怕，因为它能用鼻子辨别出空气中的微量水汽，找到距离很远的水源。而在危机四伏的草原，马还能通过闻出粪便的不同气味，找到伙伴的同时避开猛兽的地盘。

马这些聪明的表现，都和它发达的嗅觉密不可分。所以有人就说啊，一些老马能隔了很久以后，从很远的地方回到自己的家乡，多亏了那马鼻子呢。

马革裹尸

谁是精忠报国的好男儿?

成语 马革裹尸

含义 用马皮把尸体包裹起来，比喻军人英勇杀敌，战死疆场。

智慧热身

小朋友，你对军人这个职业一定不陌生吧！如果请你用几句诗来形容军人，你会怎么说呢?

"只解沙场为国死，何须马革裹尸还。"没错，军人个个很勇敢。

"长弓挽满月，剑华霜雪明。"没错，军人个个都善战。

"黄沙百战穿金甲，不破楼兰终不还。"没错，军人个个丹心一片。

无论在古代还是现代，骁勇善战、赤胆忠心的军人都是人们心目中的好男儿。今天，我们就来讲一个古代军人的英雄故事。

成语故事

在中国古代，打仗是常有的事。外族来犯要打仗，内部造反要打仗，开疆拓土要打仗，争权夺位也要打仗，真是动不动就兵戎相见，干戈相向。

打仗必定会有死伤，可战场上的人谁怕死呢？当苟且偷生的逃兵最令人不齿了，死在边野、马革裹尸才是一个军人最高的荣耀。

说这句话的人，是东汉大将军马援。为了大汉朝的安定，马援一辈子南征北战，真是操碎了心。今天羌族打过来，光武帝赶紧喊"马援"；明天乌桓打过来，光武帝又赶紧喊"马援"。马援很有军事才能，又善于理政，不仅一一平定了叛乱，还把这些出乱子的地方治理得非常好。

有一次，岭南地区又有人举兵造反，马援率领大军长驱直入，直捣叛军的巢穴。在他的神勇指挥下，叛军头子被抓，士兵也死的死，降的降，逃的逃，不过多久战乱就被平息了。

马援率领大部队凯旋，回到都城洛阳。听说大英雄回来了，洛阳的百姓备好锣鼓和彩旗，扶老携幼，夹道欢迎，一时间热闹极了。老朋友们也来家中道贺，一个个笑容满面，不停地赞美马将军的神勇。

有个叫孟冀的朋友，平日里点子很多，这一天也是满嘴吉祥话："将军这次出征，战功赫赫，'伏波将军'的头衔可是实至名归啊。听说龙颜大悦，不仅赏赐了田宅兵马，还加官进爵，看来将军从此可以封妻荫子，高枕无忧啦。"

这话多好听！换作一般人，心里肯定美死了，可马援却一点都不高兴。

他沉着脸对孟冀说："先生是有谋略的人，我希望你能说一些勉励我的话，你怎么也和其他人一样，光说好听的呢？我记得汉武帝时，'伏波将军'路博德平定了南越国，设置了七个郡，才封了六百户。我的功劳不大，却得到三千户。拿着这么丰厚的赏赐，我觉得受之有愧，心里很不安。先生能给我一些指点吗？"

孟冀不解地摇了摇头。

马援接着说："虽然大汉朝威仪天下，可北部边塞并不太平，饱受匈奴和乌桓侵扰之苦。我作为堂堂七尺男儿，应当奔赴战场，英勇杀敌，用战马皮包裹尸体，这才是军人最大的光荣。哪儿能天天闲在家里，守着妻儿，过荣华富贵的安乐日子呢？"

听了这番话，孟冀点了点头，十分钦佩。

一个多月后，北部边境传来消息：匈奴和乌桓大举出兵，侵犯扶风。眼见着三辅地区被铁蹄践踏，皇家陵园都快保不住了，马援不顾劳累，又穿上盔甲，拿起武器，踏上了征程。

马援没从军时就说过这样的话："大丈夫的志气，应当在穷困时更加坚定，在年老时更加壮烈。"从了军的马援一生都没有离开战场。老骥伏枥，志在千里；烈士暮年，壮心不已。到了六十二岁的花甲之年，这位白发苍苍的将军还主动请缨，去讨伐南方的五溪蛮叛乱。

期间，他身染重疾仍坚持带兵作战，最终病逝在战场，实现了"马革裹尸"的伟大夙愿。

头脑风暴

小朋友，故事讲完了，我们来做个头脑风暴吧——谁是精忠报国的好男儿？

对于古代普通的青壮年男子来说，发生战争就意味着被征兵。有些人刚成年就被派到边地戍守，到了白发苍苍又被征到边疆屯田，一辈子颠沛流离。

唐代大诗人杜甫在《兵车行》里就描写了士兵出征前的真实场面：爹娘、妻子、儿女纷纷拦在道旁，牵着亲人的衣角迟迟不肯松手，哭声响彻云霄。因为这一去，就不知道能不能再回来了。

在古代战争中，将领和士兵的职责并不相同。将领在后方调度指挥军队，士兵冲在最前面，与敌人近距离搏杀，死伤的概率更大。

君不见，青海头，

古来白骨无人收。

一些幸运的士兵活了下来，有机会回到家乡。而更多不幸的士兵就死在了战场上。

有句唐诗叫"凭君莫话封侯事，一将功成万骨枯"，这句话其实也揭示了战争的残酷，因为一个将领的战绩，是用无数普通士兵的生命换来的。

塞翁失马

一匹马引发的蝴蝶效应，是福？是祸？

成语 塞翁失马

含义 比喻坏事在一定条件下也可以变为好事。

智慧热身

秦时明月汉时关，

万里长征人未还。

但使龙城飞将在，

不教胡马度阴山。

小朋友，唐代诗人王昌龄的这首《出塞》，你们一定都会背诵吧。

中国自古疆域辽阔，从南到北，从东到西，气候越来越冷，地势越来越高。在广袤无垠的北方高原上，生活着世世代代的游牧民族，他们饲养牛羊马匹，哪里草长得茂盛，就迁徙到哪里。

这些游牧民族被称为"胡人"。胡人是马背上的精灵，北方的寒风塑造了他们魁梧健壮的体格，艰苦的环境练就了他们骁勇善战的天性。

胡人占据着北方高地，有自己的首领和政权，并不听命于汉人的朝廷，甚至还时不时地侵扰边境，祸害汉人的庄稼，抢走汉人的财宝。为了抵御胡人的骑兵，朝廷在边塞设立了不少军事重镇，屯兵屯田。胡人消停的时候，就开荒种地，自给自足。胡人来犯的时候，就抄起武器，上前线打仗。

我们今天就来讲一个边塞老人的传奇故事。当胡人的骑兵绝尘而来时，这个老人的命运，因为一匹马而得到了彻底的改变。

成语故事

很久很久以前，有一位精通术数、擅长预测吉凶祸福的白胡子老爷爷，就住在与胡人隔山相望的边塞小镇，人们不知道他叫什么名字，就叫他"塞翁"，他也乐呵呵地答应。

小镇边上是北方辽阔的大草原。塞上的草原天高地阔，水草丰美，是马的天堂，那里家家都盖马厩，户户都养骏马。要是养的多了，自己用不过来，还能拉到边界的马市上去贩卖，换点钱买其他的生活用品。

塞翁也有个大大的马棚，养了十几匹骏马，都是膘肥体壮的好品种。老人很爱这些马，给它们喂食最新鲜的青草，喝最清冽的溪水，还把它们洗刷得干干净净，连马鬃都十分柔顺。

有一天，不知怎么回事，一匹枣红马突然挣脱缰绳，闯出马厩，逃离小镇，跑啊跑，跑啊跑，径直朝胡人的地盘狂奔而去。

"哎，'疾如风'是老人最心爱的骏马。丢了它，塞翁不知道要伤心成什么样呢！"邻居们都纷纷过来安慰老人。

谁知塞翁却不太悲伤，他平静地说："那匹马我从小养到大，丢了是很可惜。但说不定，这还是个福气呢？"

马丢了是福气？众人思来想去，怎么也琢磨不透塞翁的意思。

几个月后的一天，老翁正在扫院子，门外传来踢踏的马蹄声和"嘶嘶"的马叫声。那匹丢失的枣红马竟然回来了！更不可思议的是，它旁边还站着一匹胡人的黑骏马，马背上还挂着胡人的马鞍呢。

"啧啧，老马失而复得，还带来一匹新马，真是一桩奇闻！"邻居们都来向老翁表示祝贺。

老翁也不十分欣喜，他平静地说："这胡马膘肥体壮，确实是匹好马。但无缘无故得了一匹好马，会不会引来灾祸呢？"

怎么来了两匹马？

马回来是灾祸？众人更不理解老翁的逻辑了。

老翁的儿子特别喜欢骑马，看到胡马长得威风俊美，就想试一试。没想到，胡马发疯似地撅屁股，撩蹄子，根本不服管。儿子被重重甩在地上，摔断了腿。

"哎，胡人的马，比胡人的性子还烈呢。"邻居们都来看望倒霉的年轻人。

没想到老翁却说："摔断了腿是很不幸。但没准，这也是件好事呢？"

腿都成那样了，还是好事？邻居们彻底糊涂了。

边塞的风景宁静悠远，可边塞的生活却从来不会平静。山这边，朝廷的军队严阵以待，时刻不敢掉以轻心；山那边，胡人的部落厉兵秣马。

没错，边塞发生了战乱。胡人大军入侵，铁蹄踏过之处哀鸿遍野，狼藉一片。镇子上的青壮年男子都被抓去做了壮丁，送到前线去打仗。唯独老翁那断了腿的儿子，走路一瘸一拐的，没有被征兵。

战争打得异常残酷，伤亡惨重。乡邻们的儿子十个里有九个都战死了。而因为一条瘸腿，老翁和儿子得以远离战场的硝烟。父子俩最终熬过了这场兵荒马乱，幸运地活了下来。

头脑风暴

小朋友，故事讲完了，我们来做个头脑风暴吧——一匹马引发的蝴蝶效应，是福？是祸？

白胡子塞翁说：塞翁失马，焉知非福。世界上的事情时时刻刻都在发展和变化中，不会一成不变。随着时间和空间的推移，好事可能变坏事，坏事也可能变好事。那么，我们应该用什么样的心态来看待这些好事和坏事呢？

宋代文学家范仲淹说：不以物喜，不以己悲。不要因为外物的好坏而骄傲狂喜，也不要因为个人的失意潦倒而悲伤，不为外物所累，才能活出最真实快乐的自己啊。

小朋友，如果你在生活中遇到了小麻烦和小坎坷，不妨学学塞翁和范仲淹的处世哲学。也许，就会山重水复疑无路，柳暗花明又一村呢。

指鹿为马

真近视，还是假眼花？

成语 指鹿为马

含义 指着鹿，硬说是马。比喻有意颠倒黑白，混淆是非。

智慧热身

小朋友，你学习历史的时候，一定知道"战国七雄"吧？

在动荡的战国时期，有齐、楚、燕、韩、赵、魏、秦七个强大的诸侯国。它们逐鹿中原，都想称霸天下。后来位于陕西地界的秦国逐渐强大，灭掉了其他六国，一统江山，建立了中国历史上第一个中央集权的封建王朝：秦朝。

秦朝的开国皇帝叫秦始皇，为了巩固江山，寻找长生不老的仙药，他开始了浩浩荡荡的出巡之旅。前五次出巡都好好的，可第六次出巡却出了大事。这件事，直接关系到秦国的江山社稷和中国历史的走向。

成语故事

浩浩荡荡的车马队和仪仗队驶进咸阳城，可这次，秦始皇没能从马车里探出头，看一看他熟悉的宫殿。

因为他死了。

第六次出巡，秦始皇重病，死在了路上。临终前，他喊来最信任的丞相李斯和大臣赵高，立下遗诏。自己有十几个儿子，他要把皇位传给长子扶苏这个贤德的年轻人。

赵高巧言令色，又有狼子野心。他表面上痛哭流涕，发誓绝不辜负始皇帝的重托，心中却早已打起了鬼主意。赵高既掌管着皇帝的车马队，又掌管着皇帝的"符"和"玺"。有了这两样宝物，就能替皇帝传达命令，调兵遣将。

他和李斯合谋一番，竟冒天下之大不韪，伪造遗诏，赐死了能干的扶苏，转而拥立没什么本事的小儿子胡亥当了皇帝。胡亥坐上龙椅，心中却惴惴不安。他心里清楚，自己篡权上位的勾当太不光彩，大臣公子们都在背后怀疑他呢。万一哪天纸里包不住火，泄露了机密，可就身败名裂了。

这时，赵高撺掇道："陛下，把怀疑您的人都杀掉，不就能高枕无忧了吗？"昏庸冷酷的胡亥听从了赵高的毒计，两人开始残害忠良，滥杀无辜。先是害死了大将军蒙恬和蒙毅，后又害死了二十几个王子公主，害死了大批忠臣，最后还杀了李斯。

赵高顺势爬上丞相的位置，他一边说服胡亥去享清福，一边结党营私扩充势力，贪心的他早就瞄准了皇帝的宝座。赵高想篡权又怕没人支持，他心生一计，想验验朝中哪些是同党，哪些是异己。

一天，赵高牵着一头鹿走上大殿，毕恭毕敬地对胡亥说道："启奏陛下，臣寻遍整个咸阳城，为您挑选了一匹好马。"

"丞相您眼花了吧，这动物头上有角，背上有斑，怎么是马呢，明明是头鹿嘛。"胡亥哈哈大笑。

"这的的确确是马，还是匹汗血宝马，绝对没有错。"赵高转身问向朝堂下的大臣："你们也来说说，这是鹿，还是马？"

这是马

大臣们眉头紧锁，都在猜测赵高这葫芦里卖的是什么药。

有的人很正直，看不惯赵高玩弄权术，直言道："陛下说的对，这是鹿。"

有的人灵机一动，知道这是讨好赵高的好机会，就假惺惺说："丞相说的对，这是马。"

还有的人既不想昧着良心说假话，又害怕说真话遭报复，就低头默不作声。

是敌是友，赵高一下子明白了。他对反对者恨得咬牙切齿，竟用莫须有的罪名把他们都杀害了。这出指鹿为马的闹剧，让满朝文武人心惶惶，对赵高害怕得不得了，没人再敢和他做对了。

秦朝的严刑峻法和急政暴虐早就引发了百姓的不满，一时间抗秦烽火四起。当咸阳城告急的时候，醉生梦死的胡亥才清醒过来。他对赵高"天下太平"的谎言十分气恼，赵高竟先下手为强，发动了宫廷政变。

他指使心腹闯进皇宫包围胡亥。危急时刻，胡亥左呼右唤，竟找不到一个能解救自己的人，真是叫天天不应，叫地地不灵啊。

最终，穷途末路的秦二世自食恶果，结束了自己短暂而昏庸的一生。

头脑风暴

小朋友，故事讲完了，我们来做个头脑风暴吧——真近视，还是假眼花？

指鹿为马的故事和我们熟悉的童话《皇帝的新装》是不是有点像呢？

　　面对光溜溜的皇帝，大臣们都知道他没穿衣服，可谁也不敢说真话，还虚伪地夸赞衣服漂亮。为什么呢？因为害怕皇帝生气，怪罪自己呗。

　　那些在朝堂上附和赵高的人，应该也是一样的心理吧。他们虽然暂时保住了性命和官位，却对朝廷没什么益处。要知道，在历史上，面对黑恶势力，敢于坚持正义和原则，敢于直言相对的骨鲠之臣，才是国家的脊梁啊！

成语游戏

金戈铁马论英雄

在冷兵器时代，马是非常重要的战略物资，是驰骋在疆场上的精灵。中国古代有许多名马。吕布的坐骑叫赤兔，能"日行千里，渡水登山，如履平地"。刘备的坐骑叫的卢马，能一跃三丈，背着刘备跃过宽阔的檀溪，将追兵远远甩在后面。

宝马配英雄，将士们手持金光闪闪的戈，跨上身披铁甲的战马，是多么飒爽英姿啊。即使壮烈牺牲，马革裹尸也是作为军人最大的荣耀。

　　下面十个人都是中国历史上著名的军人，他们的事迹被后世人传为美谈，还衍生出不少成语。请你从汉字盒子里拼出相关的成语吧。

马 约 戎 战 东 投 鸡 刀 笔 尸 牛
书 刮 一 闻 山 目 破 舟 再
背 舞 相 挂 革 从 赴 角 裹 水
起 法 看 单 釜 起 沉 会 三 章

马援：＿＿＿＿＿＿　　项羽：＿＿＿＿＿＿

班超：＿＿＿＿＿＿　　韩信：＿＿＿＿＿＿

祖逖：＿＿＿＿＿＿　　刘邦：＿＿＿＿＿＿

吕蒙：＿＿＿＿＿＿　　谢安：＿＿＿＿＿＿

关羽：＿＿＿＿＿＿　　李密：＿＿＿＿＿＿

羊的成语

亡羊补牢

小窟窿，还是大问题？

成语 亡羊补牢

含义 羊丢了再去修补羊圈还不算晚。比喻受到损失之后，想办法补救，免得以后再遭受类似的损失。

智慧热身

小朋友，你有没有后悔过？

考试成绩不理想，你会懊恼地说："哎，我真是后悔死了，要是再仔细点，就能考一百分了！"和好朋友闹别扭了，你会难过地说："哎，我真是后悔死了，要是他能原谅我就好了！"

智者千虑，必有一失，聪明人也可能做错事。人生病了吃中药或西药治病，那要是做错事了，有没有"后悔药"吃呀？

哈哈，还真有！

今天的故事很有意思，因为里面的人都吃了副"后悔药"。这药特别管用，它帮助小羊倌保住了羊圈，也帮助大诸侯保住了江山。

成语故事

春秋战国时期，有个大诸侯国叫楚国。楚国存在了将近九百年的时间，一度国运昌盛，傲立群雄，后因治理不善渐渐衰败，到了第三十八代君主楚襄王时，国力已经大不如前了。

这位楚襄王也不怎么上进，就靠着祖宗传下的基业啃老本。他对国家大事不管不问，整天和一些小人厮混在一起吃喝玩乐。

朝中一位叫庄辛的老臣实在看不下去了，就直言劝谏："大王啊，您一定得远离小人，好好治理国家，要不然会国破家亡的啊！"

可楚襄王根本不听，还训斥他说："哼，国破家亡？我大楚国有几百年的根基，坚如磐石。你在这危言耸听，真是个老糊涂！"庄辛很难过，心想："楚国已经危如累卵，摇摇欲坠，再待下去恐怕会大难临头。"于是，他就辞掉官职，到赵国避难去了。

果然不出所料，他到赵国才不到半年的时间，楚国就真出了大乱子。

秦兵来犯，楚国不仅接连被攻破好几座城池，最后连都城郢都都给丢了。楚襄王吓得逃到了城阳这个地方。

门外乌云压城，狂风大作。风暴呜咽着扯断了粗壮的树枝，零落的叶子在风中飞快地打着旋。随行的人一路上死的死，伤的伤，逃的逃，七零八落。疲惫的马儿倒在地上，发出阵阵哀鸣，沙哑地嘶叫着。

看到这凄凉的一幕，躲在营帐中的楚襄王肠子都悔青了："哎，哎，当初我怎么就那么糊涂，听不进庄辛的话呢？要是庄辛在，我也不会沦落到今天这样悲惨的境地。我真是后悔死了！"他赶紧派人到赵国，十万火急地想把庄辛请回来。

庄辛是个忠臣，自己的国家有难，怎么能袖手旁观呢？于是，他跟随使者日夜兼程赶到了城阳。

营帐中，落难的楚襄王十分狼狈，就像霜打的茄子。经历了一番兵荒马乱，一路风尘仆仆，没了锦衣玉食，没了夜夜笙歌，更没了君王的傲气和享乐的心思。

他红着眼圈，哽咽着说："先生，我千不该万不该，就是不该不听您的劝告，酿成了大祸。现在强敌当前，楚……楚……楚国还有救吗？"说完还背过身子，用袖子抹了抹眼泪。

庄辛没有着急回答，而是给楚襄王讲了一个故事。

从前有个羊倌，养了一圈羊。

一天早晨，他放牧前清点羊群，却发现少了一只羊，地上还有斑驳的血迹。再一看，糟糕，羊圈上破了个大窟窿，肯定是夜里狼钻进来，把羊给叼走了。

　　邻居知道了，都劝他："狼还会来的，你赶紧把大窟窿补一补吧！"羊倌摆摆手说："哎呀，反正羊都已经丢了，还费那个劲补羊圈干什么？算了算了。"

　　谁知第二天一早，他看到羊圈里血迹斑斑，又少了一只羊。原来，又是狼钻进窟窿，叼走了羊。

　　羊倌真是后悔死了，一下子没了两只羊，这可是不小的损失啊。于是，他赶紧听从邻居的劝告，堵上窟窿，修好了羊圈。

　　从此，狼再也没有叼走过一只羊，羊倌也终于能在夜里睡个安稳觉了。

这次狼再也没法来吃羊了！

　　讲完故事，庄辛用鼓励的眼神看着楚襄王，说道："看到兔子再撒猎犬并不算晚，羊儿丢了再补羊圈也不算迟。大王，您能及时悔悟，心里有这份收复失地的决心，就是再好不过的了。这世上，还是有后悔药卖的啊！"

"嗯，亡羊补牢，为时不晚，寡人受教了！寡人一定痛改前非，不再贪图享乐，保住楚国的江山！"楚襄王信誓旦旦地说。

楚襄王对庄辛的不离不弃非常感激，封了他爵位，给了他大权。庄辛也是个有胆有识之人，他制定了周密的作战计划，没有辜负重托，最终帮助楚国收复了淮北的大片失地。

头脑风暴

小朋友，故事讲完了，我们来做个头脑风暴吧——小窟窿，还是大问题？

羊倌为什么能保住羊？虽然一开始他对窟窿不以为然，不想修补，但后来及时醒悟，修补了羊圈。要是他将错就错，那每天丢一只羊，过不多久羊就丢光了，到时候再想去修补羊圈，就真的来不及了。

亡羊补牢这个故事提醒我们，生活中遇到小问题要趁早处理，及时改正，别把小窟窿变成大窟窿，别把小麻烦变成大麻烦。要不然，等病恶化成"追悔莫及"，就是吃十副"后悔药"也没得救了。

成语游戏

造字法里的小肥羊

在很早很早以前，我们的老祖宗用文字的线条或笔画把见到的东西记录下来，看到太阳就记一个 ◯ ，看到月亮就记一个 ♪ ，看到鱼就记一个 🐟 ，看到羊就记一个 羊 。这些文字和所代表的东西在外形上很像，叫作象形文字。你瞧，羊 像不像一个顶着两只大弯角的羊头呢？

小朋友，请仔细看看，羔、群、善、羹这四个字里，是不是都藏着一头羊？

没错，这些以羊为部首的字，大都和羊有关呢。"羔"就是小羊；羊生性好群居，所以有了成群的"群"；羊象征着美好和吉祥，所以有了善良的"善"；羊是古人重要的食物，所以带浓汁的肉食"羹"里也少不了羊。

认识了羔、群、善、羹四个字，请你来拼拼图，将下面的图块两两组合，变成成语吧。每个成语里，都要包含这四个字中的某一个哟。

素丝	鹤立	鸡群	无首
羊羔	尽善	美酒	羔羊
群龙	从善	尽美	冷炙
残羹	箪食	如流	豆羹

猴的成语

井底捞月

猴子能捞到井里的月亮吗?

成语 井底捞月

含义 到井中去捞月亮。比喻做事白费力气,根本达不到目的。

智慧热身

小朋友,我们生活在地球上,脚下是苍茫的大地,头顶是辽阔的天空。天空变幻莫测,时不时会掉下神秘的东西。

夏天滴雨点冰雹,冬天落鹅毛雪花,遇到狂暴的龙卷风会"扑通扑通"掉沙土,遇到美丽的流星雨又会噼里啪啦掉陨石。要是

有人足够幸运，天上还可能"掉馅饼"呢。

可你听过天上掉月亮吗？别不信，一群猕猴亲眼看见啦。瞧，它们正抓耳挠腮，对着可怜的月亮发愁呢。

成语故事

结束了一天的炙烤，太阳收回最后一道光芒。天空渐渐变成铅灰色，又变成藏青色，再变成深蓝色，最后变成墨黑色。夜空下，风儿哗啦啦地吹动树叶，丛林里迎来了一天中最凉爽的时刻。

一群猕猴趁着凉快出来玩耍。猴大王踱着方步在地盘上巡逻，猴子猴孙荡起藤条秋千，满树撒欢。

一只小猴玩累了，蹲到井边休息。它不经意地朝井里看了一眼，这一看，可看出了大事。

"不好啦，不好啦，月亮掉进井里啦！"

"什么什么？月亮掉进井里了？我看看，我看看！"

众猴赶紧围拢过来。

深深的井中有一汪清水，上面漂着个黄黄的、亮亮的圆盘，真的是月亮！

"月亮不是住在天上吗，怎么掉进井里的？"

"它是不是没站稳，一不小心滑进去的？"

"哎，月亮没手没脚，肯定爬不上来了。"

"完了完了，你们看，月亮一动不动，它不会游泳，就要淹死了。

大王，我们该怎么办呀？"

猴大王皱起眉头："要是没了月亮，夜晚就会变得漆黑一团，什么都看不见，太吓人了！我们得赶紧想个办法，把它给捞上来！"

井边没有辘轳和水桶，没法像打水一样把月亮打上来呀。井口很小，没法像撒网捕鱼一样把网撒进去呀。井那么深，没有长长的鱼竿能够着井水呀。

看来，只能靠猴子们自己了。小猴子往井里伸了伸胳膊，空空的，什么也摸不着。大猴子朝井中迈进一条腿，吓得浑身发软。老猴子颤颤巍巍地用拐杖探了探井壁，井壁滑溜溜的。

众猴七嘴八舌地议论着，可谁也没有什么好办法，急得抓耳挠腮。

这时猴大王发话了："井边有棵树，咱们一个接一个地倒挂在树枝上，连成梯子，最下边的猴子就能够到月亮啦。"

"猴大王英明！猴大王英明！"群猴挥舞双臂，齐声呐喊。猴大王得意洋洋："哈哈，捞月亮不能靠蛮力，要动脑子。你们啊，以后和我多学着点吧。"

猴子们马上行动，你拽住我，我拉住你，不一会儿，一条长长的猴梯就搭成了。最上边是猴大王，最下面是那只小猴，月亮就在小猴眼前呢。

第一次，小猴伸手去抓，月亮只是随水波轻轻晃了晃。

"捞——到——没？"

"没捞到……"

"倒是看准点啊！"

第二次，小猴双手去捧，月亮滑过手心从指缝溜走了。

"捞——

到——没？"

"没捞

到……"

"快 点

快点，尾巴都拽疼了！"

糟糕！我把月亮弄碎了！呜呜……

第三次，小猴着急了，它抢起胳膊，稀里哗啦把水搅个沸腾，月亮也散架了。"月亮碎了！月亮碎了！"小猴失声大喊。

"什么什么？月亮碎了？怎么那么不小心啊？"众猴一边责怪小猴，一边左一个脑袋、右一个脑袋歪头去瞅。

猴梯开始晃晃悠悠……晃晃悠悠……晃晃悠悠……树枝也跟着咯吱咯吱……咯吱咯吱……咯吱咯吱……突然"咔嚓"一声，树枝断了。

众猴就像熟透的野果子，"扑通""扑通""扑通"都掉到了井里。它们惊恐地喊着救命，死死抓住漂浮的树枝。地上的猴子们傻眼了，慌慌张张地找镰刀，砍藤条，编粗绳，费了九牛二虎之力，才把落水的同伴捞上来。

刚才还神气活现的猴大王，现在

成了个"落汤鸡",狼狈地趴在地上哀嚎不已。

而在那口深井中,月亮又静静地漂回水面,一动不动,还是那样圆圆的,黄黄的,亮亮的。

头脑风暴

小朋友,故事听完了,我们来做个头脑风暴吧——月亮真的掉到井里了吗?

月亮是地球的小跟班,整天围着地球转,它们之间有很稳定的作用力。月亮绝不会离地球太远,"嗖"地一下飞跑了,也绝不会离地球太近,"砰"的一声撞进地球的怀里。

那么,月亮为什么会出现在水中呢?

人站在镜子前,镜面很光滑,能把人的光线反射到人的眼睛里,所以看上去人就像站在镜子里似的。同样啊,平静的水面就像镜子,能把月亮的光线反射到人的眼睛里,所以看上去就像是月亮落入水中了。原来呀,月亮是在照镜子呢。

这些简单的天文和物理常识,小朋友在科学课上就学过啦。可猴子们没上过学,不懂得这么多啊,于是就闹出了"井中捞月"的笑话。

沐猴而冠

一句话，丢了一条命？

成语 沐猴而冠

含义 猴子戴帽子，比喻外表装扮得很像样子，内里本质不好。常用来讽刺依附权势、窃据名位的小人。

智慧热身

小朋友，你听过"孟姜女哭长城"的故事吗？

如果你生在秦朝又正值壮年，那可就倒霉了。因为秦朝的徭役和兵役非常繁重，你可能走在路上，就会像孟姜女的丈夫一样，被抓去做了壮丁。

这些苦力或去给皇帝盖宫殿和陵墓，或在崇山峻岭上修建万里长城，或被派到边疆去打匈奴，不知累死、战死了多少人。

王侯将相，宁有种乎？当昏庸的秦朝皇帝还在深宫中日日畅饮、夜夜笙歌的时候，民间抗秦的烽火已经烧到了咸阳城边。

成语故事

秦朝是中国历史上第一个大一统王朝，也是个短命的王朝，只经历了两帝一王，存在了十四年的时间。

秦朝灭亡的原因很复杂，其中有一点就是它的统治特别残暴，逼迫苦不堪言的百姓揭竿而起。起义队伍中有两支力量特别强，一支是项羽领导的，一支是刘邦领导的。

经过大大小小十几场战争一路拼杀，刘邦的军队率先逼近了秦朝都城咸阳。当时，昏庸的秦二世胡亥已经被赵高逼死了，继位的子婴不再称帝，而称为秦王。

眼看秦朝大势已去，子婴和家人乘着白马拉的车，穿着白色衣服，用绳子绑着自己，带着皇帝的玉玺和兵符投降了刘邦。从他继位到秦朝灭亡，才四十六天。

军中有人建议除掉子婴，以绝后患，可刘邦摇了摇头："子婴已经投降，如果再杀掉他，就太不仁义了。现在秦朝已灭，子婴也不会再成什么气候，就留他一条性命吧。"于是，刘邦把秦宫里的宝物和国库都封好，又派人看管子婴，然后将军队退到了灞上。

安营扎寨后，刘邦去拜访秦地百姓，与他们约法三章：除了杀人要处死刑，伤人者和抢劫者依法治罪之外，其他秦朝严苛的法律全部废除。百姓们都希望刘邦能留在关中当关中王。

听说刘邦立了头功，项羽心里一百个不乐意，就率领兵马一路向西，也赶到了咸阳城。

　　他带着军队冲进城里，杀害了已经投降的子婴，搬空了秦宫里的金银财宝，还掠走不少年轻漂亮的妇女。最后，他无情地放了一把火，熊熊烈火接连烧了好几个月，把富丽堂皇的秦宫烧成了灰烬。面对项羽的暴行，秦地百姓敢怒不敢言，对他真是又恨又怕。

　　项羽是楚国人，老家在下相（今江苏宿迁）这个地方。一番烧杀抢掠之后，他准备回到老家去。

　　项羽的帐下谋士韩生劝他说："将军，关中地势险要，土地肥沃，是个难得的宝地。如果能留在这里建都，一定能成就您的霸业啊。"

　　项羽环顾四周，只见咸阳城焦土一片，早就没了往昔的辉煌。他摇了摇头："人富贵了就应该衣锦还乡，在人前炫耀炫耀。要是富贵了却不回故乡，就好比穿着华丽的衣服却在夜间走路，谁看得见啊？"

　　韩生听了，嘴上不敢反对，心里却很不认同。私下里，他和别人发牢骚："哼，都说楚国人是戴帽子的猴子，外表打扮得挺像人，但畜生终归是畜生，目光短浅，愚蠢至极，真是太对了！"

不知怎么，这话传到了项羽耳朵里。项羽知道韩生这话不是在说别人，就是在嘲笑他，他气得胡子都翘起来了。

项羽性情暴躁，刚愎自用，怎么会轻易放过说自己坏话的人？于是，他派人把韩生抓起来，扔进了"咕嘟咕嘟"冒泡的热锅里。

可怜的韩生，就因为这一句牢骚话，赔上了自己的性命。

头脑风暴

小朋友，故事讲完了，我们来做个头脑风暴吧——一句话，怎么就丢了一条命？

像韩生这样因为一句话而没了命的人，在古代还不是少数呢。在封建集权体制下，皇帝手握生杀予夺的大权。大臣伴君如伴虎，言行举止稍有不慎，惹皇帝不高兴了，就可能引祸上身。

古代有担当的大臣都爱劝谏，帮助皇帝明辨是非，治理朝纲。可是忠言逆耳，如果碰到从谏如流的明君还好，要是碰到昏君，不仅意见泡了汤，还可能因此丢了官职，搭上性命。

即使在这样险恶的环境下，一些嫉恶如仇、刚正不阿的大臣，依然会从国家利益出发，冒着生命危险也要直言进谏，他们被称为骨鲠之臣。中国古代也一直有"文死谏，武死战"的传统，被视为臣子至高无上的荣耀。这样的人，是不是特别值得我们敬佩呀？

朝三暮四

古人为什么喜欢猴子?

成语 朝三暮四

含义 原指聪明人善于使用手段，愚笨的人不善于辨别事情，后比喻反复无常。

智慧热身

小朋友，说到猴子，你第一个想到谁呢?

那还用说，肯定是那位身穿锁子黄金甲、头戴凤翅紫金冠、脚踏藕丝步云履、手拿如意金箍棒的齐天大圣孙悟空吧?

孙悟空是中国古典文学中最忠义、最骁勇、最聪明的猴子。他神通广大，能腾云驾雾，一个筋斗十万八千里；他嫉恶如仇，一双火眼金睛，能一下子识破妖精的诡计；他千变万化，能幻化出七十二种不同的模样……你瞧，从我们用的这些成语中，就能看出这猴子有多厉害!

今天我们要讲的成语也和猴子有关。不过，这个成语是个贬义，故事里的猴子也远没孙悟空那么聪明。

成语故事

动物是人类的朋友，对于人类来说，和什么动物相处时间长了，都会产生感情。

士兵喜欢马，马是士兵最勇敢的战友；猎人喜欢狗，狗是猎人最忠诚的侦探；农夫喜欢牛，牛是农夫最勤恳的帮手……春秋时期有个养猴子的宋国人，他最喜欢猴子，因为他觉得猴子特别聪明。

"瞧这大猴小猴，和人长得像不说，脑袋瓜也可灵了。肚子饿了会伸手讨吃的，还会自己剥橘子皮、橡子壳呢。"养猴人逢人就夸自己的猴子。

养猴人很爱猴子，不忍心把它们关进笼子，而是让它们自由活动。他在院子里的老树上搭了几根藤条，又在地上打了几个粗木桩，给猴子建了个安乐窝。

长时间和猴子相处，养猴人不但学了一套"猴言猴语"，还能看懂猴子的心思。猴子们也很有灵性，对主人的喜怒哀乐也能猜出几分。主人眉头一皱，它们就静静蹲在旁边，可怜巴巴地不吱声。主人嘴角一扬，它们就赶紧在眼前翻俩跟头，逗个乐子。养猴人经常摸着猴子的头，骄傲地说："这世上最懂我的，就是你们这些机灵鬼儿了。"

哈哈，这些猴子也确实不傻。不管是买来的、捡来的，还是慕名投奔而来的，反正英雄不问出处，来了就都不走了。因为这儿的生活实在是太幸福了！春天吃梅子，夏天吃桃子，秋天吃橡子，冬天吃橘子，一年四季鲜果、坚果不断，想吃多少就吃多少，比在荒山野岭里捡那仨瓜俩枣的生活舒服多了。

其实呢，养猴人家里并不富裕，可他是那么爱猴子，宁可自己和家人吃的差点儿，穿的差点儿，也不愿意亏待猴子。一开始他还能勉强应付，可渐渐地就入不敷出，维持不下去了。

眼看人都揭不开锅，猴子的吃食也见了底，养猴人没了招，只能忍痛缩减猴子们的一日三餐。他怕猴子们不乐意，就想着先和它们商量商量。

养猴人把猴子招呼到一起，笑眯眯地问："以后我喂你们吃橡子，早上三个，晚上四个，够不够啊？"

众猴眼珠一转，一下子就发现哪里不对劲："早上三个，晚上四个。早上少一个！少一个！少一个！这可亏大发了。"于是，它们露出生气的表情，龇牙咧嘴，吱吱尖叫，还竖起满身的毛以示抗议。

养猴人无奈地摇了摇头，心想："这帮猴子，吃好的吃惯了，少几个橡子就不依不饶。我再换个法子试试。"

他清了清嗓子,憋着笑说:"嗯,既然你们不同意,我就改成早上四个,晚上三个,这样总该可以了吧?"

众猴又打起小算盘:"咦?这回好像不错。经过我们强烈的抗议,早上多了一个。"于是就欢欢喜喜地翻起跟头来。

看着乐得满地打滚的猴子,养猴人也在心里悄悄乐:"哈哈,不管是三个加四个,还是四个加三个,最后不都是七个吗,又有什么分别呢?朝三暮四就不行,朝四暮三就可以,看来猴子还是没有人聪明啊,哈哈哈!"

头脑风暴

小朋友,故事讲完了,我们来做个头脑风暴吧——古人为什么喜欢猴子?

你先来读一读,猴子的"猴"和侯爵的"侯",是不是同一个发音呢?

因为这个谐音的缘故,猴子在古代官员眼中可是个吉祥物。骏马背上骑着猴子,叫"马上封侯"。猴子摘取挂在树上的官印,叫"封侯挂印"。老猴子背上驮着小猴子,叫"辈辈封侯"。

你瞧,古灵精怪的小猴子成了加官晋爵的象征,难怪人们如此喜爱它呢!

成 语 游 戏

众星捧"月"

"肝""胆""肘""胸"，小朋友你有没有发现，这些和人身体有关的字里都藏了个"月"。难道身体和月亮有什么关系吗？

其实呀，这是汉字在演变过程中出现的一个小插曲。

"肉"的甲骨文 🝌 像一块肥肉，"月"的甲骨文 🌙 像一枚弯弯的月牙。"肉"的小篆 与"月"小篆 字形特别像，慢慢地，人们就把肉字旁和月字旁写成一样的了。

所以啊，上面几个字中的"月"可不是月亮的"月"，而是"肉"哟。

猴子们又涨知识了，这回啊，它们玩起了众星捧"月"的成语游戏。请你补齐每个成语中的空缺，注意，成语的最后一个字都是"月"字哟。

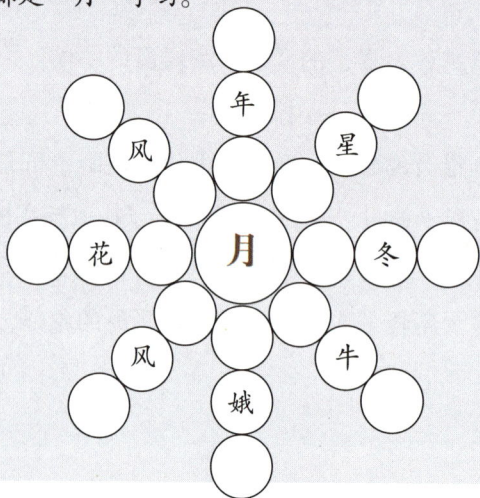

鸡的成语

呆若木鸡

根毛都没掉，它靠什么力压群鸡？

成语 呆若木鸡

含义 呆得像木头鸡一样。形容因恐惧或惊异而发愣的样子。

智慧热身

小朋友，你见过斗鸡吗？

为了给简单的生活加点料，聪明的古人发明了蹴鞠、拔河、围棋、秋千等一连串好玩的娱乐项目，斗鸡也是其中的一个。早在遥远的春秋战国时代，上到王公贵族，下到平民百姓，都十分喜爱斗鸡。

什么是斗鸡呢？就是两只鸡打架，勇者胜。有资格参赛的，都是一些肌肉发达、体形魁梧、性格彪悍、善打好斗的雄鸡。两只大公鸡狭路相逢，你不服我，我不服你，必定得斗出个你死我活、一地鸡毛才肯罢休。

可有一只公鸡，一根毛都没掉，就吓跑了对手。这究竟是怎么回事呢？

成语故事

在很久很久以前的战国时代，有一个诸侯国叫齐国。齐国的国君齐王特别喜欢斗鸡。齐王在宫中驯养了很多雄鸡，驯好了就带着它们去参加斗鸡大赛。

当时有个训练斗鸡的高手，名叫纪渻子。这个纪渻子可不是一般人，据说他出身于驯鸡世家，技术十分高超，训练出的斗鸡个个都是常胜将军，因此他在斗鸡圈中非常有名气。齐王听说民间居然还藏着这样了不得的高人，就赶紧把纪渻子请到了宫里。

齐王对纪渻子说："瞧，我这宫里有这么多的斗鸡，都是精挑细选的好品种。我封你做斗鸡总教头，专门为我训练皇家斗鸡，你看好不好啊？驯好了，我会重重地赏赐你。"

能被君王赏识，纪渻子也很高兴。他答应了齐王的邀约，进宫专门为齐王训练斗鸡。

有一天，齐王得到一只强壮的斗鸡。他非常高兴，把这只斗鸡交给纪渻子，让他好好训练，希望它有朝一日在斗鸡大赛中一鸣惊人。

可这齐王性子有点急。只过了十天，他就迫不及待地叫来纪渻子，问道："纪渻子，我的斗鸡驯好了吗？"纪渻子回答："禀告大王，还没有。现在这只鸡虽然本事不大，但血气方刚，气焰很盛，只会虚张声势，骄傲自负得很。所以还要等些时日。"

"心急吃不了热豆腐。"齐王想，那我就再等等。十天后，他第二次问纪渻子："纪渻子，我的斗鸡驯好了吗？"纪渻子回答："禀告大王，还不行呢。现在这只鸡一听见别的鸡在打鸣，一看见别的鸡的影子，就拍着翅膀跳得老高，抻起脖子叫得老凶，一惊一乍的，不够冷静啊。请您再等待些时日吧。"

齐王只好耐着性子继续等。又过了十天，他第三次问纪渻子："纪渻子，都过了一个月了，我的斗鸡驯好了吗？"纪渻子回答："禀告大王，还差着呢。现在这只鸡一看到别的鸡，就两眼冒火，气势汹汹，还是不够淡定。"

齐王有点不高兴了，但是干着急没办法。谁让自己想要一只斗鸡中的"战斗鸡"呢？

齐王又等了十天。到了第四十天，他迫不及待地问纪渻子："纪渻子，我的斗鸡到底驯好了没有？"纪渻子把斗鸡带到齐王面前，说："恭喜大王，您的斗鸡已经训练合格。您瞧，它面对其他鸡的挑衅，一点反应也没有，看上去就像呆头呆脑的木头鸡一样。其实，它已经拥有了一只斗鸡所应该具备的品德，内心沉着冷静，外表不怒自威，那些鸡没有一个敢挑战的，都吓得掉头逃跑了。"

听了纪渻子一番话，再看看那只闲庭信步的呆木鸡，齐王终于体会到其中的奥妙。

恭喜陛下
不战而胜

他如获至宝，对纪渻子高超的驯鸡技巧也大加赞赏，重重赏赐了他。最终，这只斗鸡果然不负众望，在斗鸡比赛中一鸣惊人，力压群鸡，获得了骄人的战绩。

这就是成语"呆若木鸡"的故事。这个成语最早其实含有褒义，形容像木鸡一样沉着冷静、大智若愚的状态。现在一般用作贬义，指人呆得像木头鸡一样，形容因恐惧或惊异而发愣的样子。

头脑风暴

小朋友，故事听完了，我们来做个头脑风暴吧——一根毛都没掉，它靠什么力压群鸡？

让鸡变得更强壮、更有斗志，是一般驯师的方法。这样做对吗？当然也是对的——勇猛的鸡获胜概率大，可付出的代价也不会小，轻者被撕掉几撮毛，重者被啄得遍体鳞伤，胜得十分艰难，十分狼狈。

纪渻子的高明之处就在于，他训练出的鸡处变不惊，虽如木鸡但不是真呆——此鸡浑身散发出强大的战斗力，仅用气场就压倒了"敌鸡"。所以它不必出击，单是迎风站定，就令"敌鸡"闻风丧胆；它不必失一根羽毛，单是抖抖尾巴，磨磨嘴巴，就令敌鸡落荒而逃。可以说啊，"呆若木鸡"是斗鸡的最高境界。

"呆若木鸡"的故事是庄子写的，他欣赏道家学说，崇尚自然，反对刻意的人为。庄子写这个故事，也是为了表露自己的主张——通过打斗取得胜利，这是战争的下策。不战而获胜，才是真正的胜利。

两军对垒，怎样才能不战而获胜呢？古代确实有很多这样的军事佳话。小朋友，你能想一想，说一说吗？

杀鸡取卵

急于求成，成不成？

成 语 杀鸡取卵

含 义 为了要得到蛋，不惜把鸡给杀了。比喻只贪图眼前微

小的好处而损害未来长远的利益。

智慧热身

小朋友，你见过金子吗？

在古代，皇帝的国库里堆满了金元宝，皇后的发髻上插满了金首饰。在有的朝代，要是皇帝驾崩了，还会从头到脚穿上金缕玉衣。传说，这种用玉片和金丝缝制的衣服能护佑逝者的灵魂。

金子代表着财富和权力，因为它十分稀有，又不容易挖掘。它埋在很深很深的地下，藏在很硬很硬的矿石中，人们常常要冒着生命危险去淘金。

可有个农夫不费吹灰之力，靠着一只大母鸡，就白捡了许多金子。

天下果真有这样的好事吗？

成语故事

从前，有个农夫去市场赶集，买回一只大母鸡。

这只母鸡头顶红冠子，身披花羽衣，脖子周围还有一圈金色的羽毛，十分漂亮。农夫很高兴，撒了一地的谷子，把它喂得饱饱的。

第二天，天刚亮，母鸡就"咕咕哒、咕咕哒"地叫起来。农夫伸手朝鸡窝里一摸——骨碌碌，滚出一个热乎乎的大鸡蛋！

这鸡蛋长得奇怪，金黄金黄的，掂在手里还特别沉。原来啊，它不是个普通的鸡蛋，而是个金蛋！

农夫高兴得两眼放光："母鸡下金蛋，真是稀罕事，我交到好运了！"

农夫把母鸡捧在手里，抱在怀里，怎么也舍不得放下。他拿出家里的好粮食当饲料，还把鸡窝的干草垫得软软的、厚厚的。他一边喂鸡一边说："母鸡啊母鸡，多吃点，多吃点，明天再给我下个金蛋吧！"

第二天，母鸡果真又下了个金蛋。第三天，母鸡继续下金蛋。从此以后，每天早晨，母鸡都会下一个又大又圆的金蛋！

农夫卖掉这些金蛋，赚了好多钱，生活一下子富裕起来。他什么农活也不用干了，天天就守在鸡窝边，等着发大财。慢慢地，农夫有点不满足了："哎，一天一个金蛋，真是太少了。要是能多下几个，那该多好！"

　　于是，他给母鸡吃香喷喷的新米，喝清冽的山泉水，还到地里捉蚯蚓、蛐蛐和蚂蚱，一心想喂好母鸡，让它多下几个蛋。可是母鸡还是老样子，一天只下一个蛋，不少也不多。

　　这可怎么办啊？农夫没了招，急得团团转。他琢磨道："既然母鸡能下金蛋，那它肚子里一定还有好多金蛋。只要打开它的肚子，不就能一下子把金蛋都拿出来了吗？哈哈，我真是太聪明了！"想到这里，他就拿起刀，把可怜的母鸡给杀了。

站住
把你肚子里的金蛋
全部给我

　　农夫满心期待地剖开母鸡的肚子，可是东找找，西找找，连个金蛋的影儿都没有，和普通的鸡没什么两样。"金蛋呢？金蛋呢？我的金蛋呢？"这下子，他可傻了眼。

　　没找到金蛋，还失去了会下蛋的母鸡，贪心的农夫真是赔了夫人又折兵，什么都没捞着。他懊恼地看着死去的母鸡和一地鸡毛，肠子都悔青了。

　　现实中这样贪心的农夫可不少呢，他们像"杀鸡取卵"一样，只贪图眼前微小的好处而损害未来长远的利益，这是不是一种非常愚蠢的做法啊？

头脑风暴

小朋友们，故事讲完了，我们来做个头脑风暴吧——急于求成，到底成不成？

传说鸩的羽毛有毒，如果拿它泡酒喝，就会致人死亡。有个人口渴难耐，明知鸩酒有毒，还是喝了毒酒来解渴，最后被毒死了。

有个人到池塘边钓鱼，半天也没收获。心急的他抽干了池水，排空了池塘，大大小小的鱼儿噼里啪啦在池底乱蹦，被他高兴地一锅端了。可是，没了水就没了鱼，下次他再想吃鱼，可怎么办呢？

还有个人，担心田里的麦苗长得慢，就用手把麦苗一根根往上拔。麦苗倒是比原来高了，可第二天再一看，麦苗的根都被拔坏了，麦苗也全枯死了。

看来，急于求成，到最后并不成啊。

这三种只顾眼前利益、不考虑长远发展的愚蠢做法，就是"饮鸩止渴""竭泽而渔"和"拔苗助长"三个成语。

小朋友，请你记住这些成语，做一个目光长远的人，千万不要犯类似的错误哦！

闻鸡起舞

公鸡打鸣，叫醒了哪位国家栋梁？

成语 闻鸡起舞

含义 原意为听到鸡啼就起来舞剑，后来比喻有志报国的人即时奋起。

智慧热身

中国历史上，一只半夜扯着嗓子瞎打鸣的野公鸡，却造就了两个能文能武的全才，成就了一段人人称颂的史话。

成语故事

自古英雄出少年，这句话用在古代著名军事家祖逖身上真是再合适不过了。

公元 266 年，司马炎建立晋朝，定都洛阳，历史上称为西晋。

也就是在这一年，小祖逖诞生了。

祖逖出生在北方一个名门望族，家族人才辈出，世世代代都有人在朝廷做大官。祖逖的父亲当过晋朝官府的办事员和上谷太守，可惜很早就去世了，所以年幼的祖逖就和哥哥们一起生活，衣食住行都由兄长们照料。小祖逖性格豁达，好打抱不平，做人很讲义气。他看到贫苦的农民衣不蔽体，食不果腹，就经常以哥哥们的名义把自家粮食和布帛送给穷人。小小年纪就有乐善好施、兼济天下的宽广胸怀，乡里乡亲一提到小祖逖，都会竖起大拇指。

祖逖长大后在官府里当了个掌管文书的主簿。他有个同事叫刘琨。祖逖和刘琨都是二十几岁，正值朝气蓬勃、意气风发的年纪，再加上爱好相近，志趣相投，两人便成了形影不离的好朋友。

书房中，两人博览群书，探讨学问；院子里，两人手持宝剑，切磋武艺；当差回来，两人谈论时局，各抒己见……有时候聊到深夜，刘琨就住在祖逖家中，两人一个脚朝南，一个脚朝北，共用一张床，共盖一铺被。"你我二人能文能武，一定能干出一番大事业，为国家复兴出力！"两人经常互相勉励。

有一次，祖逖和刘琨又聊到很晚，倒在床上和衣而睡。睡着睡着，"喔喔喔"，屋外传来洪亮的公鸡打鸣声。

祖逖坐起身看向窗外，天色黑蒙蒙的，不透一点光亮，应该还不到五更。他赶紧推推熟睡中的刘琨："贤弟，醒醒，醒醒，你听到鸡叫声了吗？"

刘坤迷迷糊糊地说："好像是有鸡叫声。可这半夜鸡叫，不太吉利啊。"

祖逖摇摇头："都说半夜鸡叫不吉利，可我偏不这样想。贤弟，这鸡是在提醒我们早早起床，不要睡懒觉呢。从今往后，我们一听到鸡叫就起床练剑，好不好？"刘琨点点头："真是个好主意！"

此时已进入阴历十月，到了下霜的时节。清冷的空气中散发出一阵阵透骨的凉，枯黄的草木上凝结了一片片雪白的霜。北方的秋天冷得格外早，再过几十日，天寒地冻的隆冬就会来临。

祖逖和刘琨不畏寒冷，在院子里练得十分起劲。这兵器谱上最难练的兵器，在他们手上竟也挥洒自如。剑起剑落，伴随着"叮叮当当"凌厉的碰撞声，一道道银光在院中闪过，仿佛吐信的白蛇，又仿佛游走的蛟龙。寒来暑往，春去秋来，不管多忙多累，两人每天都坚持早起练剑，从不间断，终于成长为文武双全的栋梁。

时间像车轮般滚滚向前，一晃几十年过去了，祖逖也从风华正茂的少年，变成了两鬓斑白的老人。

西晋的统一大业并没有持续太久，北方逐渐陷入各种势力的混战中。祖逖五十岁的时候，西晋被崛起的胡人政权消灭。皇室逃到南方，偏安一隅，建立了东晋。

破碎的山河和颠沛流离的百姓令祖逖十分悲痛。报效国家是他年轻时就立下的宏愿，而此刻国难当头，却得不到东晋皇室的支持。无奈之下，他只能自己组建军队，率领百余家人渡江北伐。船开到长江中流时，他在江中敲击船桨，立下誓言："如果我不能平定中原，驱逐敌寇，就如同这江水一般，绝不回江东！"

祖逖的军队作战有方，纪律严明，得到了各地民众的支持，最终收复了黄河以南的大片失地，令胡人一时间不敢来犯。

头脑风暴

小朋友，故事讲完了，我们来做个头脑风暴吧——公鸡打鸣，怎么打出个国家栋梁？

在中国历史上，很多栋梁之才在年轻时就表现出超越常人的勤奋和决心，除了"闻鸡起舞"的祖逖和刘琨，还有"囊萤映雪"的车胤和孙康。这两人痴迷读书却穷得买不起蜡烛，晚上看不了书。该怎么办呢？

车胤捉来许多萤火虫装进白绢口袋中，靠萤火虫发出的微弱光亮看书。孙康看到下雪天地上映出的雪光比较亮，就不顾寒冷，抱着书到屋外去读。他们在艰苦的条件下勤学苦读，最后都成了饱学之士，做了朝廷的高官，一个当了吏部尚书，一个当了御史大夫。

　　小朋友，如果你想要有一番大作为，也要有"闻鸡起舞""囊萤映雪"的精神，好好学习，早早努力才是哟！

成语游戏

爱打比方的大公鸡

中国古人十分喜欢鸡，还赞美鸡是具有文、武、勇、仁、信的五德之禽。鸡司晨，狗守夜，在没有钟表计时的古老岁月里，公鸡充当着动物时钟的角色，从来不会报错时间，特别守信用。人们信赖公鸡，一听到公鸡打鸣就起床穿衣，准备下地干活了。

鸡和狗都是普通人家日常豢养的动物，人们也信手拈来，总爱拿鸡和狗打比方。比如，鸡飞狗跳、鸡零狗碎、偷鸡摸狗、嫁鸡随鸡，嫁狗随狗，这些从日常生活中走出来的语言，有的是褒义，有的是贬义，但大都形象生动，听起来饶有趣味。

怎么用鸡来打比方，形容一个人呢？请你猜一猜下面这些人，对应着哪些带"鸡"的成语或俗语。

★一个人的才能或仪表比别人突出，这叫（　　　　　）。

★一个人的力气很小，连只鸡都拿不住，这叫（　　　　　）。

★一个人的气量狭小，只考虑小事，不顾全大局，这叫（　　　　　）。

★一个人总爱小偷小摸，不做正经事，这叫（　　　　　）。

★一个人宁愿在小地方做主，也不愿在大地方受支配，这叫（　　　　　）。

　　★一个人因为害怕或惊讶，露出呆呆傻傻的样子，这叫（　　　　）。

　　★一个人很有才华，却不被重用，只做着微不足道的小事，这叫（　　　　）。

　　★一个人做了官，七大姑八大姨都跟着得了势，这叫（　　　　）。

　　★一个人惩罚某个人，其实是为了给其他人看，这叫（　　　　）。

狗的成语

狗尾续貂

皇帝的馊主意有多馊?

成语 狗尾续貂

含义 貂尾不够用了，就用狗尾来顶替，本义指滥封官爵，比喻用不好的东西续在好东西的后面，显得好坏不相称（多指文学作品）。

智慧热身

小朋友，你知道古代怎么选拔官员吗?

很早以前，官员是世袭的，父亲去世后，儿子继承职位，这叫世官制。后来，又在民间选拔人才，先由地方长官考察推荐，再由朝廷考核任命，这叫察举制。再后来，出现了全国统一的分科考试，普通人也有了施展才华、改变命运的机会，这叫科举制。

官员要升迁，也得有政绩。文官呢，就是所管的地方是否富裕，民风是否淳朴，百姓是否满意。武将呢，当然就是治军是否严明，能不能打胜仗啦。

总之，在古代，当官是有门槛的，得符合一定的标准。

有个皇帝，却"捡到篮子里都是菜"，把选拔官员当儿戏。他是谁？他是怎么封官的？我们来听听下面的故事。

成语故事

在中国历史上，西晋是个统一的王朝，同时也是一个动荡的王朝。

西晋的第二任皇帝叫司马衷，他天生愚笨，脑筋不太好使，性格又很懦弱，根本不是当皇帝的料。

相反，他的妻子贾南风虽然相貌丑陋，可野心很大，对权力十分着迷。皇帝不问政事，贾南风就大肆干预朝政，排除异己，还引发了西晋皇族间一场严重的内斗，历史上称为"八王之乱"。

在参与权力争夺的八个诸侯王中，赵王司马伦是个关键人物。论辈分，他还是皇帝的爷爷辈呢。

司马伦虽然出身高贵，却是个泛泛之辈。他不爱读书，才能平庸，却娇纵蛮横，经常惹是生非。仗着自己是皇亲国戚，他总能逍遥法外，气焰越来越嚣张，最后连皇帝也不放在眼里，想取而代之。

俗话说，物以类聚，人以群分。司马伦心术不正，他的手下也都是些贪图享乐、追逐名利的奸佞之徒。

趁着朝廷内乱，司马伦带着这帮乌合之众，用计谋杀死了皇后贾南风，囚禁了皇帝司马衷，拿到了玉玺和印绶，登上了朝思暮想的皇帝宝座。

司马伦心里很清楚，自己这个皇帝当得不光彩，不能令人心服口服。为了坐稳龙椅，他就开始滥封官爵，想靠遍施恩惠笼络人心。

对普通官员，不管有没有业绩，只要拥护自己就立刻提拔。对自己家人更是大肆封赏，大儿子被封为太子，其他儿子也都得到了侍中、大司农、大将军等重要职务，掌管起国家的政治、经济和军事大权。那些阿谀奉承的亲信和同党摇身一变，成了朝廷重臣，连他身边的奴仆、士卒和杂役都被加封了爵位。被封官的人，数都数不清。

这是不是非常荒唐啊？还有更荒唐的呢！

古代的官员都要穿官服，戴官帽。有一种貂蝉冠，上面插着貂尾，装饰着蝉形的金铛。貂尾很稀少，蝉在古人眼中代表着高洁。所以啊，这貂蝉冠十分昂贵，只有职位显赫的极少数人才有资格佩戴。

可因为胡乱分封，现在朝中能佩戴貂蝉冠的大官竟然一抓一大把。国库中的貂尾根本不够用。这可怎么办呀？

司马伦出了个馊主意："你们这群笨蛋，看到那条狗了吗？

狗尾巴和貂尾巴长得多像，把狗尾巴插在帽子上，不也一个样吗？"

做官服的人听了面面相觑，哭笑不得："头戴狗尾巴，这……这不就成了狗官了？"

狗尾和貂尾看上去差不多一样啊。

古代家家户户都养狗，找个狗尾巴岂不太容易了？于是每天早晨，大官们人人头顶着一根狗尾巴，神气活现地来上朝。皇帝问什么，他们狗嘴里也吐不出象牙，提不出对治国理政有益的建议。这上朝，竟变成了一次次丑态百出的闹剧。

老百姓们还专门编了一首歌谣来讽刺这种荒唐的行为："貂不足，狗尾续。"

司马伦执政期间，朝政十分腐败。其他几个诸侯王早就对他心怀不满，纷纷起兵讨伐。司马伦节节败退，最终摔下了皇帝的宝座，被赐死在家中。

而随着司马伦的陷落，那些曾经头戴貂蝉冠、趾高气扬的大官们也被一个个摘掉了官帽，撵回了家。

头脑风暴

小朋友们，故事听完了，我们来做个头脑风暴吧——皇帝的馊主意有多馊？

司马衷虽然被赶下台，可一点都不冤，因为他实在不是个当皇帝的料。他的馊主意也令人咂舌。那句著名的"何不食肉糜"就是他说的。

有一年发生了灾荒，庄稼颗粒无收，许多百姓都活活饿死了。司马衷听了大臣的汇报，答复说："既然没有米饭吃，他们为什么不吃肉粥呢？"

连饭都吃不上，哪里来的肉粥？愚蠢的司马衷，提的是不是个馊主意呀？

挂羊头，卖狗肉

谁的表里不如一?

成 语　挂羊头，卖狗肉

含 义　用好货做幌子来兜售差货。比喻假借好的名义做不好的事。

智慧热身

小朋友，你知道花木兰和祝英台吗?

孝顺的花木兰，打扮成男子的模样替父从军。披铠甲，骑战马，渡黄河，过黑山，花木兰巾帼不让须眉，像男子一样驰骋沙场，立下赫赫战功。

聪慧的祝英台，求学心切，为了能到杭州去拜师读书，也打扮成书生的样子。途中遇到了才子梁山伯，两人义结金兰，成为"好兄弟"。

这两位奇女子，都因为女扮男装，开始了人生的一段奇遇。而我们今天要讲的故事啊，也和女扮男装有关。

成语故事

春秋时期有个诸侯国叫齐国。有段时间，齐国出了件稀罕事。

什么事呢？原来呀，齐国的国君齐灵公发起了一场宫廷换装的游戏。他让嫔妃和宫女全都女扮男装，天天打扮成男人的样子。

褪下鲜艳的蝶裙，换上男子的袍服。卸下美丽的发簪，戴上男子的头冠。原本婀娜多姿的宫嫔，一转眼，都变成了英俊潇洒的少年郎。

齐灵公满意地哈哈大笑："瞧瞧，瞧瞧，女子穿上男装，真是太帅气了。"

这股时尚潮流不知怎的就从宫廷传到了民间。上到大家闺秀，下到农妇村姑，整个齐国的女子都赶了次时髦，换上了当红的男装。

有一天，齐灵公外出巡视，看到满大街的女人都是男子打扮，走路也都大步流星地，不走近瞧还真分不清男女。

他生气地对手下说："哼，女人不像女人，成何体统！你们去街上检查，要是发现女扮男装的，就当场撕破衣服，扯断衣带，看她以后还敢不敢再这样穿了！"

官吏们来到大街上，一看到女扮男装的，就又拉又拽，又撕又扯，故意给她们难堪。可这杀鸡儆猴的一招根本不奏效。遇到来检查的，女子们就一溜烟儿跑掉。检查的人前脚刚走，女子们就又穿起男装，到大街上溜达闲逛。

"这……这怎么屡禁不止呢？"齐灵公气得眉头直皱，看了看身边的晏子。

晏子是齐国的丞相，为人巧言善辩，聪明机智。他劝说道："大王，您允许宫中女子穿男装，却不准民间女子这样穿。这就像一个肉贩子，在肉铺门口挂着牛头，却在铺子里卖马肉一样，表里不一啊。依微臣所见，您只要率先颁布禁令，不准嫔妃和宫女们扮男装，老百姓自然会跟着效仿。"

齐灵公一拍脑门："嗨，这么好的主意，我怎么没想到呢？"他立刻下令，让嫔妃和宫女脱下男装，换回了女子的衣裙。

这消息很快传到了宫外。宫里都不让女扮男装了，平民女子自然也不再这样穿。没过多久啊，大家就又都换上了鲜艳的蝶裙，戴上了美丽的发簪，对着镜子匀脂抹粉，描画蛾眉，变回了女子原本该有的模样。

晏子的原话是"悬牛首于门，而卖马肉于内"，后来就衍生出了"挂牛头，卖马肉"的成语，可说着不顺口，再加上口口相传，逐渐变成了"挂羊头，卖狗肉"。它的意思是用好货做幌子来兜售次货，比喻假借好的名义，做不好的事。

头脑风暴

小朋友，故事讲完了，我们来做个头脑风暴吧——谁的表里不如一？

历史上，这样的人还真不少。唐朝时，有个宫廷诗人叫宋之问，他写了一些佳作，在诗坛上有点影响力。可这个人的品德实在太差了，和他的好文笔形成了鲜明对比。

宋之问的外甥年纪不大，却写得一手好诗。一次，他写了一首《代悲白头翁》，请宋之问鉴赏。宋之问一下子被惊艳到了，尤其垂涎那句"年年岁岁花相似，岁岁年年人不同"。他表面上对外甥赞不绝口，心里却打起鬼主意，想横刀夺爱，把诗据为己有。

自己辛辛苦苦写的诗，怎么能随便给了别人？外甥不舍得，就没同意。

宋之问恼羞成怒，竟然命令仆人用装满土的大袋子把外甥给活活压死了。然后，他窃取了这首诗，对外宣称这诗是自己写的。

为了一己私利，当面一套，背后一套，连亲人都算计。这样内心阴暗的人，纵然写再好的诗，又有什么用呢？

鸡鸣狗盗

孟尝君到底善不善于识人？

成语　鸡鸣狗盗

含义　学公鸡打鸣，学狗偷东西。后来借指微不足道的技能，也泛指小偷小摸的行为。

智慧热身

小朋友，你喜欢交朋友吗？如果你遇到了困难，朋友们会帮助你吗？

在遥远的战国时代，贵族们也喜欢广交朋友。他们为了壮大实力，在乱世中立于不败之地，往往会在家中豢养门客。门客或有真才实学，或懂一技之长，担当了谋士或军师的角色，为主人谋求平安，规避灾祸。

我们今天要讲的，就是一个门客救主的传奇故事。

成语故事

战国时期，齐国有个贵族叫孟尝君，他特别喜欢交朋友，家里养了三千个门客。

这些门客来路五花八门，三教九流什么人都有。可不管是身份高贵的宾客，还是逃亡流窜的罪犯，孟尝君都一视同仁，给予丰厚的待遇。

秦昭王正好缺个宰相，他听说孟尝君贤能，就三番五次地邀请，把孟尝君请到了秦国。可这新宰相位子还没坐热，就摊上了大事。

原来啊，一个大臣悄悄对秦昭王说："孟尝君贤能不假，可他毕竟是齐国人，有什么事肯定先替齐国打算，然后才考虑秦国。他当宰相，对秦国可不利啊！"

秦昭王一听急了："这话挺在理，我怎么早没想到！"他赶紧下令，把孟尝君就地免职，又囚禁起来，想找机会杀掉。

情况危急，人命关天，听说秦昭王有个特别宠爱的妃子，孟尝君就偷偷派人去求她帮忙。妃子提了个条件："要是把孟尝君那件漂亮的白色狐皮裘送给我，我就帮你们去说情。"

孟尝君来秦国时确实带了件白色狐皮裘。这衣服十分华美，价值千金，可它早就被献给秦昭王了。这可怎么办呢？

一个不起眼的门客对孟尝君说："主君，我当过小偷，我可以打扮成狗的样子潜进宫中，把狐皮裘给偷出来。"

当晚，门客就披着狗皮，钻进藏宝库，偷走狐皮裘，献给了妃子。妃子一高兴，就跑到秦昭王那儿吹起了枕边风，替孟尝君求情。秦昭王心一软，就把孟尝君给放了。

孟尝君心想："这秦昭王耳根子软，喜怒无常，没准一会儿就变卦。秦国肯定是不能待了，赶紧撤吧。"于是，他连夜准备车马，带着门客和家眷卷铺盖逃走了。

果然没过多久秦昭王就反悔了。他再去抓孟尝君时，发现早已人去楼空，就气急败坏地派人沿路猛追。

孟尝君一行人赶到了函谷关。函谷关地势险要，是秦国的东大门，出了函谷关就等于出了秦国。这里有重兵把守，天黑了就关门，鸡叫了才开门。大家抬头看看天，黑黢黢的，离鸡打鸣还早着呢。

前有堵截，后有追兵，这又该怎么办呢？

这时另一个不起眼的门客对孟尝君说："主君，我会口技，能学鸡叫，看我的。"只听他捏着嗓子"喔喔喔"叫起来，引得附近的鸡都跟着打鸣。

守关士兵一听鸡叫，以为天要亮了，就敞开城门。等追兵满头大汗追来时，孟尝君早就逃出了秦国的地盘。

想当初，孟尝君收留这两个"鸡鸣狗盗"的人当门客，旁人都觉得羞耻，认为他看走了眼。如今，两人却凭借雕虫小技，帮助孟尝君虎口脱险。这件事以后，大家对孟尝君识人的本领更是夸赞个不停。

头脑风暴

小朋友，故事讲完了，我们来做个头脑风暴吧——孟尝君到底善不善于识人？

这个问题啊，不同的人，有不同的看法。

东汉史学家司马迁在《史记·孟尝君列传》中写道："我路过孟尝君的封地旧址，发现那里的民风不好。人们告诉我，这是因为孟尝君曾经招来很多鸡鸣狗盗之徒，仅违法乱纪的人就来了大概六万多家。世间传说孟尝君以乐于养客而沾沾自喜，的确名不虚传。"司马迁在肯定孟尝君善于识人的同时也指出了他养客的动机是自喜。

而北宋政治家王安石，对孟尝君的态度却是否定的。他说："孟尝君帐下的人，都是些鸡鸣狗盗之徒，根本称不上什么贤士。齐国那么强大，孟尝君只要得到一个贤士，就能制服秦国，哪儿还用得着鸡鸣狗盗的力量？鸡鸣狗盗之徒出现在他的门庭上，这就是贤士不归附他的原因啊。"

孟尝君到底善不善于识人？他养的门客究竟是不是贤士？小朋友，请你自己想一想，说一说吧。

鸡犬升天

八卦炉里，真能炼出灵丹妙药？

成语 鸡犬升天

含义 一个人做了大官，和他有关系的人也跟着得势，含贬义。

智慧热身

　　小朋友，你看过《西游记》吗？《西游记》里太上老君的八卦炉，可是一件超级厉害的上古神器。

　　它真是什么宝贝都能炼！孙悟空的如意金箍棒、猪八戒的九齿钉耙，金毛吼的紫金铃，甚至让人起死回生的九转金丹，都是从它肚子里炼出来的。最神奇的是，孙悟空被投进八卦炉烧了七七四十九天，不仅没有化成灰，还练就了一双能识别妖魔鬼怪的火眼金睛呢！

　　八卦炉的级别太高了，可不是一般人能企及的。如果凡夫俗子想长生不老，羽化升仙，获得非凡的神力，该怎么办呢？

成语故事

汉朝的时候，陕西汉中有个叫唐公房的人。他在衙门里当小差，为郡守打杂。

有一年夏天，天气特别炎热。唐公房和同僚外出办完事，到路边卖瓜果的摊子前休息。不远处的石头上坐着个白胡子老头，看起来八十多岁，却目光炯炯，鹤发童颜。老头穿一身白布衫，手拄龙头拐杖，脚踏麦秸草鞋，被火辣辣的太阳烤得汗流浃背。

一行人说说笑笑，谁也没注意到这个老头，除了唐公房。他端起一盘瓜果走过去，恭恭敬敬地说："老人家，这天又闷又热，请您吃点瓜果解解暑吧。"

凉丝丝的瓜果下了肚，老头觉得舒服多了："年轻人，我正好缺个徒弟，你想不想跟我学道啊？"

"原来，您是一位得道的高人啊。能向您学习道术，真是太荣幸了！"唐公房诚心拜了师，此后认真学习道法，进步非常快。

有一次，师父将他带到一座山前说："你为人老实诚恳，我送你一粒仙丹。吃了它，就能日行万里，听懂鸟兽的语言。"

唐公房刚把仙丹吞下肚，耳朵边就响起奇妙的声音。他听到苍鹰在天空唱起凯旋的战歌，听到兔子为失去同伴伤心地哭泣，听到山鸡抱怨肚子饿得直发慌，听到蛐蛐在草丛间窃窃私语。

他家本来离郡府很远，吃了仙丹，脚下仿佛生了风，前脚刚迈出家门，后脚就踏进了七百多里外的郡府。

这神奇的瞬移大法，让郡守羡慕得心里直痒痒："要是我也有这本事，能在皇帝面前表演表演，说不定能捞个大官当当呢！"

唐公房十分慷慨，把本领都传授给了郡守。可郡守资质平平又心怀鬼胎，学了好久都不得要领。他以为唐公房留了一手故意不教，心怀怨恨，就派人去捉拿唐公房全家。

情况危急，唐公房赶紧从山中请来师父，商量对策。院子外兵卒吵吵嚷嚷，眼看就要撞破大门了，师父却一点也不慌张："莫怕莫怕，快吃下这几粒红色丹药吧。"

不可思议的事情发生了！吃下丹药的唐公房一家，顿时觉得身体轻飘飘，脚下空落落，仿佛一朵云、一缕烟似的飘离地面，越升越高，高得谁都抓不住。

妻子朝下一看，自家的房子和禽畜还留在地上呢。她舍不得丢下，便哭哭啼啼不忍离去。师父又笑着挥挥手，把房子前前后后涂上仙药，又把剩下的仙药撒在地上，引得鸡狗来吃。

更不可思议的事情出现了！偌大的房子像活了一样，先是嘎吱嘎吱地扭动，接着"轰"的一声拔地而起。满院子的大鸡小鸡、大狗小狗也紧随其后，大呼小叫地上了天。一时间，公鸡惊得"喔喔"打鸣，大狗吓得"汪汪"狂叫，都在半空中炸开了锅。

兵卒们以为自己是在做梦呢，都纷纷丢下武器，使劲地揉着眼睛。

猛然间，空中刮起一阵大风，吹来一片玄云。玄云载着唐公房一家和他们所有的家当，越飘越高，越飘越远，最后消失的无影无踪。

头脑风暴

小朋友，故事讲完了，我们来做个头脑风暴吧——八卦炉里，真能炼出灵丹妙药？

在中国古代，炼丹术的身上总是蒙着一层神秘诡异的面纱。帝王们热衷服用仙丹，因为他们痴迷地相信，这种神秘的小药丸能让自己长生不老，从而永远做帝国的主人。

可是仙丹这东西，究竟靠不靠谱呢？

我们先来看看炼丹的原材料吧——汞、锡、铅、铜、金、银、硝石、硝酸盐、硫酸盐、碳酸盐……哎哟，这哪儿是吃的东西啊，简直就是做化学实验嘛！

炼丹师把这些东西一股脑倒进熔炉，先炼上七七四十九天或九九八十一天，出炉后搓成小球球，再神秘兮兮地进献给皇帝。

这些重金属一旦吃到肚子里，五脏六腑哪受得了，都慢性中毒了。可皇帝不知道啊，一天一颗，一天一颗，一天一颗，就这么乐此不疲地吃呀吃呀吃呀，最后……都吃得两眼发黑，一个个升了天。

成语游戏

荒唐荒唐真荒唐

在很久很久以前，狗就同马、牛、羊、鸡和猪一样被人驯化，成了六畜之一。牛能耕田，马能驮重物，鸡能报晓，狗能守夜，个个都是人类的好帮手。

中国古人虽然喜欢狗，可很多带"狗"字的成语却不怎么讨人喜欢，比如"狗尾续貂""狼心狗肺""狗仗人势""蝇营狗苟"，这可能和狗喜欢摇头摆尾取悦人的行为有点关系吧。

滥封官爵，貂尾不够就用狗尾续，"狗尾续貂"的故事真是荒唐极了。下面这些荒唐的故事又对应哪些成语呢？

★口渴难耐，喝浸泡了毒鸟羽毛的毒酒来解渴。（　　　）

★脚大鞋小，把脚削掉一块，来凑合鞋的大小。（　　　）

★不顾自然规律，硬性拔起禾苗，帮助它生长。（　　　）

★守在树桩前等兔子撞树，想不劳而获。（　　　）

★为了得到金蛋，杀掉生金蛋的母鸡。（　　　）

★学别人走路的姿态，不仅没学会，连自己原来怎么走路都忘了。（　　　）

★捂住耳朵偷铃铛，以为自己听不见，别人也就听不见。（　　　）

猪的成语

杀彘教子

彘是什么？

成语 杀彘教子

含义 告诫大人不能对孩子说假话，要诚信教子，言而有信。

智慧热身

　　小朋友，《假话国历险记》这本书，你有没有看过呀？

　　要是你去假话国旅行，可不会开心的，因为那里的居民个个都说假话，从不说真话。他们把海盗叫圣人，把圣人叫海盗；把面包叫墨水，把墨水叫面包；还把好坏善恶的标准都颠倒了，谁说真话，谁就会被关进疯人院……是不是太荒唐了？

　　在现实中，也没人爱听假话，更不能用假话去骗人，要不然，

今后谁还敢相信你呢?

成语故事

　　春秋末年的时候，鲁国有一个大思想家，名字叫曾参。他是孔子的学生，跟着孔子研究儒学，取得了很高的成就，被人们尊称为曾子。

　　曾子一生特别看重诚信，认为做人一定要言而有信，说到做到，可不能说谎话欺骗别人。他身体力行，这么说，也是这么做的。

　　有一天，曾子的妻子要去赶大集，收拾妥当，却迟迟出不了家门。年幼的孩子紧紧抓着她的手不放，还哭闹个不停，边哭边说："我也要去! 我也要去! "

　　妻子着急出门，想也没想，便随口哄道："乖孩子，你在家等着，娘一会儿就回来。等娘回来了，杀头猪，给你炖一锅香喷喷的猪肉吃。好不好? "

　　"哇! 吃肉喽! 吃肉喽! "听到有肉吃，孩子馋了，这才撒开小手，用袖子抹了抹满脸的眼泪，破涕为笑。

　　过不多时，妻子提着竹篮赶集回来。一推院门，她就听见院子里"嗷嗷"的猪叫声，再一看，坏了，曾子刚从猪圈里捉了一头大肥猪，拿着刀要杀猪呢!

　　妻子赶紧扔下篮子，跑过去拉住丈夫拿刀的手，阻止道："快住手! 快住手! 我早晨说杀猪炖肉，那是哄小孩的，你怎么还当真了？这猪还能再长不少肉，现在杀了，多可惜啊！"

谁知曾子满脸严肃地说："夫人，我们可不能哄骗小孩子啊！孩子年纪尚小，好多事情还不太懂，凡事都向父母学习，听从父母的教育。做母亲的哄骗孩子，就等于在教孩子骗人，以后孩子也不会再相信母亲的话了。这可不是教育孩子的正确方法呀。"

"这……"妻子被说得哑口无言，便不再执拗，松开了丈夫的手，"你说的倒是在理，我可不能再犯糊涂了。大人说到做到，才能给孩子立个好榜样啊。"

曾子见妻子这样开明，很是欣慰。他杀好猪，烧旺火，架上柴锅，炖了一锅香喷喷的猪肉给孩子吃，兑现了大人对孩子的承诺。

头脑风暴

　　小朋友，故事讲完了，我们来做个头脑风暴吧——杀彘教子，彘是什么？

　　认真读书的小朋友应该都知道了，彘就是猪。猪是古代六畜之一，人们饮食离不开它。汉语中表示猪的字还有"豕""豚"等，古代人用的多，我们现代人平日里已经很少用了。

　　在一些成语里，我们还能看到这些字的影子。

　　狼奔豕突，比喻坏人或敌人乱冲乱撞，惊慌不已。

　　戴鸡佩豚，因为雄鸡和野猪好斗，所以古代人戴雄鸡形的头冠，佩野猪形的饰物，表示好勇。

　　彘肩斗酒，彘肩是猪肘，它出自《史记·项羽本纪》，说的是鸿门宴上，项羽想加害刘邦，刘邦的护卫樊哙怒对项羽。项羽赐给樊哙一大斗酒和一大块猪肘，樊哙将酒一饮而尽，拔出剑切肉，把猪肘也吃光了。彘肩斗酒这个成语，就形容樊哙的英雄豪壮之气。

辽东白豕

你拿什么丈量世界?

成语 辽东白豕

含义 比喻少见多怪,或因见识浅薄而惭愧。

智慧热身

小朋友,你知道"蜀犬吠日"吗?为什么狗要冲着太阳汪汪叫呢?

原来,由于地理环境所致,四川盆地的天空总是多云。那儿的狗不常见太阳,一看见太阳,就爱好奇地狂叫。"蜀犬吠日"这个成语,就形容少见多怪,见识窄。

人要是不常出去走走看看,整天窝在小圈子里,见识也会慢慢变窄的。不信?听听下面这个故事吧。

成语故事

从前，辽东有个农夫，养了一头母猪。

母猪生了一窝猪崽。农夫喂食的时候，发现一只猪崽的头是白色的。长这么大，他还从没见过白头的猪崽，惊讶地嘴巴都合不拢。

我以为只有我的猪是白色的，这里怎么这么多白猪？

农夫暗自窃喜："白头猪崽天下少有，这等奇闻异事，怎么就让我撞了大运。要是我把白头猪崽进献给大官，必会得到赏钱，说不定还能走走官运。"于是，他把猪崽装进竹筐，好吃好喝喂着，拎起来上路了。

走到河东，农夫逢人便炫耀："瞧瞧，我家猪生了个白头猪崽。多稀罕！"

人们听了哈哈大笑，把农夫带到自家猪圈边，指着说："别说白头了，我们养的猪，全身都是白色的。这有什么稀奇的？"

农夫一看，果然，满地跑的都是大白猪！原来，这天底下不是没有白头猪，而是自己见识短！农夫羞得脸都红了，哪好意思再去进献，只能灰溜溜地带着猪崽回家了。

这就是成语"辽东白豕"的故事。和农夫一样见识浅薄的，还有一只住在水井里的青蛙。

很久很久以前，有人在一条林间小路边挖了口水井。开始啊，赶路的旅人口渴了，都会从井里打水喝。后来啊，走小路的人渐渐少了，水井也就废弃了。

倒是一只胖胖的青蛙看中了这里，高高兴兴地搬进来，成了水井的新主人。它对新房子满意极了，得意地向伙伴们吹嘘："你们待的小河和池塘，比起我这水井啊，可差远喽。"

那些赤虫、螃蟹和蝌蚪觉得它在吹牛，日子长了，都不愿意和它玩了。青蛙独自住在井里，也不觉得闷，一副自得其乐的样子。

一天中午，青蛙吃饱喝足，舔着白肚皮在井沿儿上晒太阳。一只大海龟慢悠悠地爬过来，青蛙连忙招呼道："嘿，老兄，你是谁？从哪儿来呀？"

大海龟用低沉的嗓音说："我是东海的海龟，爬上岸走了很多地方，想开开眼界，看看这世界有多大。"

青蛙惊讶地撇撇嘴，叽里呱啦说个没完："哎哟哟，旅行多辛苦啊，又是雨淋日晒，又是风餐露宿，要是再碰到贪婪的蛇和狐狸，连小命都保不住啦。你瞧瞧我，我就生活在这口水井里，哪儿都不去，过得多么逍遥自在呀！要是我觉得闷了呢，就蹲在井沿儿上望望天，晒晒太阳、吹吹风；要是我觉得累了呢，就躺在井壁的砖缝里打个盹儿，睡个安稳觉；下大雨时，井水涨得满满的，我就在凉丝丝的水里泡个舒服的澡；闹干旱时，井底露出淤泥，我就在泥里踩来踩去，蹦蹦跳跳……我住的是独门独院的大别墅，想怎么玩就怎么玩，那些生活在小河和池塘里的赤虫、螃蟹和蝌蚪，整天还得为生计和地盘操心，谁都比不上我幸福快乐！大海龟，你难道不想进来参观参观吗？"

"听你这么一说，我还真好奇，想去看看呢。"海龟一边说，一边迈开脚准备下井。可是它的左脚还没踏进井里，右脚就被井沿儿上的窟窿给卡住了，进也不是，退也不是，最后费了好大的劲儿才脱身，说什么也不敢下去了。

海龟问青蛙："我从小生活在大海里，青蛙兄弟，你见过大海吗？"

青蛙一脸不屑："大海？大海是什么？有我这水井宽吗？有我这水井深吗？"

海龟呵呵地笑起来："大海太宽了，太深了。就算是千里，也不足以形容它的辽阔。就算是千仞，也不足以形容它的深度。"

青蛙疑惑地张大嘴巴："那……那总有干旱的时候吧，太阳也一定会把海水晒干吧，就像我的井水一样？"

海龟摇摇头："在大禹当国君的夏朝，十年中有九年发大水，可海水并不因此增多；到了商汤当国君的商朝，八年中有七年干旱，可海水也并不因此减少。大海就是这样广阔，它不会随时间的长短而改变，也不会因为雨量的多少而涨落。在大海里面畅游，才是真正的逍遥自在呀！"

青蛙叹了口气："哎，我的眼界太窄了，我的见识太短了，如果世界上真的有大海这种地方，我这小小的水井，就是沧海一粟，微不足道啊！"

说完青蛙"扑通"一声跳到井里躲藏起来，不好意思再把头露出水面。

头脑风暴

小朋友，故事讲完了，我们来做个头脑风暴吧——你拿什么丈量世界？

一个人增长见识的最好方法，除了读书，可能就是旅行啦。

唐代大诗人李白就是个资深的背包客，据说，他踏足过二百多个州县，攀登过八十多座高山，游览过六十多条江河川溪和二十多个湖水深潭，见识了祖国山河的秀美壮丽，写下了不少和名山大川有关的诗歌。

明代地理学家徐霞客也喜欢旅行探秘，他随身带着本和笔，走到哪里，就观察记录当地的自然、人文、地理等各种知识，还出版了一本叫《徐霞客游记》的地理名著呢。

　　在古代，人们并不十分愿意出远门，那时交通工具不发达，舟车劳顿挺辛苦的。像李白和徐霞客这样，读万卷书，行万里路，用双脚一步步去丈量世界的古人，是不是很了不起呢？

成语游戏

令人着迷的四师徒

小朋友，你们都看过《西游记》吧？唐僧、孙悟空、猪八戒和沙和尚这师徒四人，不畏艰难险阻，一路降妖除魔，经历九九八十一难，去西天取真经。这本书中，全都是惊险奇幻的神魔故事，尤其是大名鼎鼎的齐天大圣孙悟空，这位集勇敢、智慧、正义、武艺于一身的美猴王，一直是孩子们心目中的大英雄呢！

唐僧师徒四人，各有各的性格，各有各的本事，人物形象都十分鲜明。你来说说，他们分别能用哪些成语来形容呢？

火眼金睛　　狼吞虎咽　　疾恶如仇　　骁勇善战

少言寡语　　神通广大　　任劳任怨　　桀骜不驯

百折不回　　悲天悯人　　千变万化　　肥头大耳

形容唐僧的成语：

形容孙悟空的成语：

形容猪八戒的成语：

形容沙和尚的成语：

其他动物的成语

黔驴技穷

外表看着厉害，就真的厉害吗？

成语 黔驴技穷

含义 比喻仅有的一点本领也用完了。

智慧热身

我有一只小毛驴，

我从来也不骑。

有一天我心血来潮，

骑着去赶集。

我手里拿着小皮鞭，

我心里正得意。

不知怎么哗啦啦啦，

我摔了一身泥。

小朋友，这首《小毛驴》的儿歌，你是不是从小就会唱呀？那你见过真的毛驴吗？

毛驴壮实又有劲儿，不怕苦也不怕累，它们拉车、驮货、耕田、磨面样样行，在古代，真是农民劳作的好帮手呢。

和毛驴有关的成语和歇后语也很多，比如黔驴技穷、卸磨杀驴、驴唇不对马嘴、骑驴看唱本——走着瞧等等。今天，我们就先来讲一个黔驴技穷的故事。

成语故事

古时候，南方有个地区叫黔地，位置大概就在今天的贵州。

有一次，一个黔地的商贩去北方做生意，看到市场卖牲口的摊子上拴着一头从没见过的奇怪动物。这动物毛色灰灰的，脑袋大大的，耳朵长长的，蹄子硬硬的，和马有点像，又有点不像。

"嘿，瞧瞧这毛驴，多结实，多强壮。"摊主得意地说。

"哇，真是个稀罕物，带回去一定能卖个好价钱。"商贩灵机一动，买下了这头毛驴，把它用船运回了家乡。

可是，黔地不出产毛驴，那儿的人们谁也没见过毛驴，更不知道毛驴有什么用处。所以，毛驴在商贩手里攥了好多天都没卖出去。商贩非常失望，就把它牵到树林边，不再去管啦。摆脱了缰绳的毛驴满地撒欢儿，昂头挺胸，四蹄刨地，模样威风又神气。

一只老虎从它身边路过，吓了一大跳："你……你是谁？我怎么从没见过你？"

"我是毛驴，是北方来的山大王，本领高强，你们都得听我的。"毛驴吹起了牛皮。

这一晚，老虎辗转反侧，眼都没合。毛驴的话就像大石头一样，沉沉地压在它心上。自己森林之王的宝座，难道要被抢走了？

第二天，老虎又来到树林边刺探敌情。

它小心翼翼地走上前去，围着毛驴绕圈圈。毛驴很警惕，突然张大嘴巴，"昂昂"地嘶吼起来，吼声穿透了寂静的树林。老虎从没听过这种古怪又尖厉的声音，吓得落荒而逃。

过了一会儿，老虎又壮起胆子朝毛驴走去，还故意撞了它几下。毛驴受到了惊吓，赶紧抬起蹄子，狠狠地踢老虎的屁股。

"哼，我是北方来的山大王，本领高强，你怎么敢一而再、再而三地对我不恭敬？"毛驴生气极了。

虽然毛驴的气焰很盛，可几个回合下来，老虎发现，这家伙除了尖叫和尥蹶子，没什么别的能耐。老虎轻蔑地哈哈大笑："你这个家伙，只会耍耍花拳绣腿，算什么山大王，就是个不中用的草包。让我听你的，门儿都没有！"

这时候，老虎的肚子"咕噜噜"的叫唤起来，它不怀好意地盯紧了毛驴。

毛驴吓得不轻，一退再退，哆哆嗦嗦地问："你……你……你要干什么？"

老虎阴沉地说："我要让你见识见识，什么才是真正的本领高强，哈哈哈。"它扑向毛驴，张开血盆大口，一下子咬断了毛驴的喉咙。

一顿饱餐后，老虎心满意足地抹抹嘴，大摇大摆离开了。那地上，只剩下一张空空的驴皮和一堆七零八落的驴骨头。

哎，这倒霉的毛驴，外表看起来好像挺厉害，其实没什么大能耐。当初气焰很盛，如今却落了个如此悲惨的下场，真是令人可悲可叹啊。后来，人们就用"黔驴技穷"这个成语，来比喻仅有的一点本领也用完了。

头脑风暴

小朋友，故事讲完了，我们来做个头脑风暴吧——外表看着厉害，就真的厉害吗？

有一个俗语叫"纸老虎"，就是纸做的老虎。纸老虎看着威风，却没有真本事，只能吓唬吓唬人，根本吃不了人。所以啊，外表看着厉害，可不一定是真厉害哟。

纸做的老虎不厉害，那么，纸做的毛驴呢？

古代有个神仙叫张果老，他骑的毛驴就是纸做的。休息的时候，他把纸毛驴折叠起来，装到口袋里。赶路的时候，就往纸毛驴身上喷点水，毛驴就变活啦。

这头毛驴不仅腿脚快，日行万里，还能凌波微步，在大海上行走。相传，汉钟离、张果老、韩湘子、铁拐李、吕洞宾、何仙姑、蓝采和、曹国舅这八位神仙，从蓬莱仙岛赴宴回程时，为了横渡大海各显神通。张果老就是骑着这头纸驴，潇洒地行走在碧波万顷之上的。

哈哈，小朋友，你瞧，纸做的毛驴，是不是还挺厉害的呢？当然，这只是一个神话传说，小朋友们可别当真啊。

博士买驴

写驴契，为什么连个"驴"字都没有？

成语 博士买驴

含义 比喻行文啰唆，废话连篇，不得要领。讽刺写文章长篇累牍，却说不到点子上。

智慧热身

小朋友，有句古话叫"空口无凭，立字为证"，你知道是什么意思吗？

就是指单凭嘴皮子说往往不可信，落实到白纸黑字，才算是有了可靠的凭证。一旦出了什么事，这张字据就是解决纠纷的关键。尤其是做生意的人，经常会立个买卖字据。

话说，有个博士去买驴，也写了份字据，却引发了全城轰动。是因为他写得太好？还是因为写得不好？听完这个故事，你就知道了。

成语故事

南北朝时期，北方有个政权叫北齐。北齐的都城邺城是当时有名的文化中心，聚集了不少研究学问的读书人。

城西有个博士熟读四书五经，什么《大学》《中庸》《论语》《孟子》，什么《诗经》《尚书》《礼记》《周易》《春秋》，一提到这些古代经典，他就像打开了话匣子，滔滔不绝地说个没完。

凭借肚子里有点墨水，博士就自命不凡起来。平日里总喜欢咬文嚼字，说话也文绉绉的，满口的之乎者也，尤其喜欢引用古书中的言词来卖弄学问。

有一天，博士家养的小毛驴死了。毛驴是自己的代步工具，缺了它可不行啊。于是，博士来到城东的牲口市场，在熙熙攘攘的集市上逛了大半天，左挑右选，讨价还价，终于选定了一头中意的毛驴。

博士拉着卖驴人说："喂，买房子有房契，买土地有地契，我买了你的毛驴，也该签个驴契。万一出了问题，我可要拿着驴契找你讨公道哦！"

卖驴人摸摸头，为难地说："立字据没问题，可我就是个乡野村夫，大字不识一个，不会写啊。您看着挺有学问，请您来代写，好不好呀？"

被这么一夸，博士得意极了："哈哈，舞文弄墨于我而言那是小菜一碟，易如反掌，信手拈来，不在话下。"他马上借来笔墨纸砚，埋头书写起来，嘴里还念念有词。

一盏茶的工夫后，卖驴人小心翼翼地问："先生，您……写好了吗？"

博士摆摆手说："不妥，不妥。"

又过了一炷香的时间，卖驴人抻长脖子问："先生，您现在写好了吗？"

博士擦擦汗说："莫急，莫急。"

继续等了大半天，卖驴人实在没了耐心，催促道："先生，我家住在城外，这太阳都快落山了，眼看城门就关了。"

博士突然直起身，大呼道："妙哉！妙哉！"

只见那驴契上，小小的墨字如同蚂蚁一般，密密麻麻地写满了整整三页纸。

"咳，咳"，他清了清嗓子，摇头晃脑地念诵起来，"子曰，学而时习之，不亦说乎？有朋自远方来，不亦乐乎？人不知而不愠，不亦君子乎？子曰，三人行，必有我师焉。择其善者而从之，其不善者而改之。子曰，君子坦荡荡，小人长戚戚。子曰，三十而立，四十而不惑，五十而知天命，六十而耳顺，七十而从心所欲，不逾矩……"

博士啰啰唆唆念了好一会儿，可卖驴人和旁观者却听得一头雾水，就连驴子都焦急地"昂昂"直叫。

卖驴人皱着眉头问："先生，您这念了整整三页纸，可我怎么连个驴字都没听到呀？"

博士急了："做文章讲究章法，哪有一上来就说驴的？我写的可都是圣人之言啊！"

卖驴人不解地说："咱们买卖的就是毛驴，不说驴说什么？其实这事很简单，您只要写，何年何月何日，我卖给您一头毛驴，收了您多少钱，不就行了吗？为什么要东拉西扯，写这么多没用的呢？"

听了这番话，围观的人们都哄笑起来："就是就是，你这个读书人，下笔千言，离题万里，真是太迂腐了。"

这件事被当成笑料在邺城人中你一嘴我一句地传开了，有人还特地编了个段子来讽刺他——"博士买驴，书券三纸，未有驴字"。

后来，人们就从中归纳出"博士买驴"和"三纸无驴"这两个成语。意思是说话或写文章，虽然洋洋洒洒写了不少，可废话连篇，没一句说在点子上，真是急惊风碰了个慢郎中——让人干着急没办法呀。

头脑风暴

小朋友，故事讲完了，我们来做个头脑风暴吧——写驴契，为什么连个"驴"字都没有？

书袋，是古代读书人装书的袋子。有些人为了卖弄学问，有话不好好说，开口闭口总喜欢引经据典，讲出的话艰深晦涩，谁也听不懂，这就叫"掉书袋"。

你瞧，这个俗语多形象啊。一个扒开书袋，从里面不停搜罗古奥难懂的辞藻的人，是不是一下子就跃然纸上了呢？

我们说话或写文章，不就是给别人听和看的吗？要是谁也听不懂，谁也看不懂，那即使文章写得再好也是无效沟通，又有什么用呢？

只有用大家都能明白的语言来表达，大家才愿意听，愿意看，事情才能做成。

一鸣惊人

这个皇帝是真傻，还是装傻？

成语 一鸣惊人

含义 平时没有突出的表现，一下子做出惊人的成绩。

智慧热身

三皇五帝始，

尧舜禹相传。

夏商与西周，

东周分两段。

春秋和战国，

一统秦两汉。

三分魏蜀吴，

两晋前后延。

南北朝并立，

隋唐五代传。

宋元明清后，

皇朝至此完。

小朋友，你们都背过《朝代歌》吧？那你有没有想过，中国古代那么多朝代和政权，为什么有的强大，有的弱小；有的富裕，有的贫穷；有的能屹立几百年不倒，有的却如昙花一现般很快消亡？

原因很多啦，一个重要原因就是作为领头羊的一国之君，厉害不厉害，贤能不贤能，有没有治国理政的方略和一展宏图的雄心。

今天，我们就来讲一位春秋时代的传奇国君。在世人眼中，他一度是个不可救药的昏君、庸君。可有时眼见未必为实，在玩世不恭的表象下，他究竟隐藏着怎样不为人知的秘密呢？

成语故事

从前，长江流域有个诸侯国叫楚国，楚国的历史就像长江水一样悠远绵长，算起来，它经历了八百多个春秋呢。

楚国原本是个名不见经传的偏僻小国，后来渐渐崛起，成为有实力问鼎中原的一头雄狮。雄狮威风凛凛，驾驭它的人更了不起——他，就是叱咤风云的春秋霸主楚庄王。

楚庄王不到二十岁就当上了一国之君。都说新官上任三把火，可这位新君主却整天东游西逛，无所事事，什么正经活儿都不干。他既不爱上朝，也不想批阅奏折，既不关心国家大事，也不愿意整顿朝纲。继位三年里，他没有颁布一条政令，没有立下一分建树。

那他做什么呀？

哎，这个含着金汤匙出生的阔绰子弟整天都沉溺在声色犬马中，日日痛饮，夜夜欢歌，快乐得不得了。他还下了道命令：任何人不准打扰本王享乐，要是谁敢进谏，就杀谁的头。

一个叫伍举的大臣看在眼里，急在心上。他对楚庄王说："大王，臣听说一只怪鸟落在南山上，就像传说中的大鹏。可是三年了，它既不飞翔也不鸣叫。这是怎么回事呢？"

楚庄王不紧不慢地回答："这只鸟可不一般啊。依我看，它三年不飞翔，是为了丰满羽翼，三年不鸣叫，是为了暗中观察局势。一旦时机成熟，它保准会一飞冲天，一鸣惊人。你就放心吧。"

不久后，楚庄王真的一改往日颓废的作风，成了个雷厉风行的改革家——他废除弊政，诛杀奸佞，提拔忠臣，曾经冒死进谏的大臣伍举和苏从都被委以重任。

勤勤恳恳的工作换来了成功的硕果。在楚庄王的带领下，楚国越来越富裕，越来越强大，成为逐鹿中原的一支劲旅。

有一次，楚庄王在周朝都城洛阳的郊外，举行了盛大的阅兵仪式。面对前来慰劳的周朝使者，他开口就问周王室的九鼎有多大、多重。

此话一出，四座皆惊。这是为什么呢？

传说，夏朝开国君主大禹收集九州的金属，铸造了九鼎。这九鼎可是夏、商、周的传国宝器，象征着国家大权，谁拿到了九鼎，谁就是天下的主人。

原来啊，雄心勃勃的楚庄王，好奇的哪里只是鼎的大小和轻重呀，他是想和周王室一比高低、争夺天下呢。

楚庄王有气魄问鼎中原，实力果然不可小觑。他在位二十三年，兼并了二十六个国家，开拓了三千里疆土，成就了自己的雄图霸业，在楚国国史上留下了浓墨重彩的一笔。

大鹏一日随风起，扶摇直上九万里。这只曾经蛰伏三年的大鸟，终于拍动丰满的羽翼，一飞冲天，一鸣惊人，翱翔在天际和云间，留给世人无尽的仰望和赞叹。

头脑风暴

小朋友，故事讲完了，我们来做个头脑风暴吧——楚庄王是真傻，还是装傻？

楚庄王继位的时候，楚国外有强敌窥伺，内有权臣干政，他这个名义上的君主，什么实权都没有。

面对内忧外患，这个聪明的年轻人暂且收敛了锋芒，隐藏了雄心，用贪图享乐的表象迷惑了权贵，让他们放松对自己的警惕。其实暗地里，他一直在挑选可用的人才，默默蓄积力量。

蛰伏三年，机会终于来了。公元前611年，楚国发生了大灾荒，庸国教唆几个小国借机进犯，令楚国陷入危险境地。在所有人惊讶的目光中，楚庄王率兵一举扫平庸国，执掌了内政外交的主动权。

在古代，皇帝虽是天下最有权势的人，可身在权力漩涡的中心，他们身边并不平静，时常暗潮涌动。如果皇帝年幼，皇室衰微，或者权贵家族的势力太过强大，别说朝政了，就连皇帝的身家性命都可能被权臣操控。

楚庄王却为后人上了精彩的一课。面对盘根错节的政治集团和严酷的权力斗争，他韬光养晦，以静制动，展现出高超的政治智慧和惊人的忍耐力，真是一位顶顶聪明的皇帝呀！

成 语 游 戏

没有"鸟"的鸟成语

　　小朋友，带"鸟"字的成语很多，掰着手指头你肯定能数出一大串：一石二鸟、惊弓之鸟、鸟尽弓藏、笨鸟先飞、小鸟依人。而有些成语说的也是鸟，却一个"鸟"字也没提。这样的成语你能数出几个呢？

　　下面的迷宫中藏着八个成语，说的都是鸟却不见一个鸟字。请你找出它们，并说说里面藏的都是些什么鸟。

乌	混	气	得	人	峰
雀	而	醉	饮	千	军
入	鹤	可	珠	声	程
歌	黄	麟	倦	舌	浑
角	目	破	鹏	爱	鹤
凤	里	及	雀	渴	罗

毛	学	舞	莺	鹊	鸠
万	贯	燕	凤	如	知
飞	还	腾	门	鸠	非
乡	喉	鹉	骨	米	先

成语游戏答案

【鼠的游戏】答案：

　　贼眉鼠眼、人鼠之叹、鼠目寸光、胆小如鼠、投鼠忌器
　　城狐社鼠、相鼠有皮、抱头鼠窜、首鼠两端、猫鼠同眠

【牛的游戏】答案：

　　鲁班—建筑，发明云梯、石磨和锯子—班门弄斧

　　织女—织布，能织出最美的云锦—牛郎织女

　　庖丁—宰牛，下刀游刃有余，闭着眼睛都能宰好牛—庖丁解牛

　　张僧繇—绘画，能把龙画活—画龙点睛

　　孙阳—鉴马，能慧眼识珠，找到千里马—伯乐相马

　　纪渻子—驯鸡，训练出的斗鸡个个是常胜将军—呆若木鸡

　　俞伯牙—弹琴，精通琴艺—高山流水

　　养由基—射箭，能在一百步之外射掉一片小小的柳叶—百步穿杨

【虎的成语】答案：

　　单枪匹马、刀光剑影、明枪暗箭、剑拔弩张、箭无虚发、

折戟沉沙

左右开弓、自相矛盾、不避斧钺、大动干戈、众矢之的、亡戟得矛

【兔的成语】答案：

兔：狡兔三窟、兔死狐悲、兔起鹘落

狐：城狐社鼠、满腹狐疑、狐死首丘

猫：照猫画虎、猫鼠同眠、争猫丢牛

鸟：一石二鸟、惊弓之鸟、小鸟依人

蝉：噤若寒蝉；螳螂捕蝉，黄雀在后；金蝉脱壳

【龙的成语】答案：

龙马精神—神通广大—大显身手—手无寸铁—铁证如山—山穷水尽—尽心竭力

—力大无穷—穷途末路—路不拾遗—遗臭万年—年少无知—知足常乐—乐极生悲—悲欢离合—合二为一——飞冲天—天旋地转—转危为安—安步当车—车水马龙

【蛇的成语】答案：

廉洁奉公的好官清官：摆袖却金、两袖清风、铁面无私、素丝羔羊、一琴一鹤、不饮盗泉、浆水不交、高风亮节

贪赃枉法的坏官贪官：贪墨成风、渎货无厌、官久自富、得陇望蜀

【马的成语】答案：

马援：马革裹尸　　　　项羽：破釜沉舟

班超：投笔从戎　　　　韩信：背水一战

祖逖：闻鸡起舞　　　　刘邦：约法三章

吕蒙：刮目相看　　　　谢安：东山再起

关羽：单刀赴会　　　　李密：牛角挂书

【羊的成语】答案：

素丝羔羊、羊羔美酒、群龙无首、鹤立鸡群

尽善尽美、从善如流、残羹冷炙、箪食豆羹

【猴的成语】答案：

长年累月、披星戴月、寒冬腊月、吴牛喘月

嫦娥奔月、晓风残月、镜花水月、光风霁月

【鸡的成语】答案：

鹤立鸡群、手无缚鸡之力、小肚鸡肠、偷鸡摸狗、宁为鸡口、不为牛后

嫁鸡随鸡、呆若木鸡、牛鼎烹鸡、一人得道、鸡犬升天、杀鸡儆猴

【狗的成语】答案：

饮鸩止渴、削足适履、拔苗助长、守株待兔、杀鸡取卵、邯郸学步、掩耳盗铃、东施效颦

【猪的成语】答案：

　　形容唐僧：百折不回、悲天悯人

　　形容孙悟空：火眼金睛、神通广大、千变万化、桀骜不驯、疾恶如仇、骁勇善战

　　形容猪八戒：狼吞虎咽、肥头大耳

　　形容沙和尚：少言寡语、任劳任怨

【其他动物的游戏】答案：

　　门可罗雀、鹏程万里、莺歌燕舞、风声鹤唳

　　鹦鹉学舌、饮鸩止渴、凤毛麟角、爱乌及乌